중용,
어울림의 길

2권

중용, 어울림의 길 ❷ 큰글씨책

초판 1쇄 발행 2016년 4월 4일

지은이 정천구
펴낸이 강수걸
편집장 권경옥
펴낸곳 산지니
편집 정선재 윤은미 문호영
디자인 권문경 구혜림
등록 2005년 2월 7일 제14-49호
주소 부산광역시 연제구 법원남로 15번길 26 위너스빌딩 203호
전화 051-504-7070 | 팩스 051-507-7543
홈페이지 www.sanzinibook.com
전자우편 sanzini@sanzinibook.com
블로그 http://sanzinibook.tistory.com

ISBN 978-89-6545-348-2 04150
      978-89-6545-346-8 (세트)

*책값은 뒤표지에 있습니다.
*이 도서의 국립중앙도서관 출판시도서목록(CIP)은 e-CIP 홈페이지
 (http://www.nl.go.kr/ecip)에서 이용하실 수 있습니다.
 (CIP 제어번호: CIP 2016007263)

큰글씨책

중용,
어울림의 길

2권

아름다운 순우리말 번역의
새로운 주석서 ◉ 정천구

산지니

❀ 머리말

『논어』를 주석하고 사족을 달아서 '논어, 그 일상의 정치'라는 제목을 붙이고 내놓은 지 하마 4년이 흘렀다. 그 책을 내놓을 때는 곧바로 사서(四書)의 나머지에 대해서도 그렇게 하려고 했는데, 다른 작업을 하느라 바빠서 그렇게 하지 못했다. 더 이상 미루다가는 아예 손을 대지도 못할 것 같았는데다 또 『중용』 강의를 하게 된 사정이 있어서 4월에 접어들자마자 번역을 하고 주석과 사족을 다는 작업을 시작하였다.

『논어, 그 일상의 정치』를 써낼 때는 4개월가량 작업하는 일이 별로 힘들지 않았다. 사족이 대체로 짧았기 때문이다. 그러나 『중용』에서는 사족이 꽤 길어졌다. 『중용』의 원문에 대한 풀이를 하다가 자연스레 떠오른 것이기도 하고 또 독자들이 『중용』을 이해하는 데에도 유익하리라 여겨서 『논어』와 『맹자』, 『순자』, 『예기』 등을 두루 인용하느라 그랬다. 이들 고전에서 끌어온 글들에도 원문을 함께 실었으므로 꼼꼼하게 읽어 보신다면 『중용』을 읽는 맛도 달라지리라 믿는다. 이렇게 인용한 여러 고전의 원문들을 깔밋하게 번역하는 데에도 꽤 힘을 기울였다. 그 탓에 작업한 기간은 대략 40여 일인데도, 쏟아부은 힘과 기운은 『논어, 그 일상의 정치』를 쓸 때보다 더하면 더했지 덜하지는 않았다.

　대체로 『중용』을 공자의 손자인 자사(子思)의 작품으로 보지만, 실제로 자사의 작품이라는 확실한 근거는 없다. 게다가 『중용』에 내재한 사유가 공자를 이어서 바로 나타나기에는 참으로 깊고 높으며 또 복합적이라는 점에서 의문을 갖지 않을 수 없다. 그래서 나는 작자의 문제를 제쳐두고, 『예기』의 한 편으로 존재했다는 그 사실을 중시하면서 아무리 거슬러 올라가더라도 전국시대에 편집되었을 것으로 보고 풀이하였다. 저자의 문제나 그 사상적 특성에 대해서는 해제에서 자세하게 논하였다.

이 책에서 사족을 꽤나 길게 단 것에 대해 의구심을 갖거나 부질없는 짓을 했다고 타박하실 분들도 계실 것이다. 그렇다면 내가 사족이라고 말한 것이 아주 틀리지는 않은 셈이니, 그런 타박쯤은 구렁이 담 넘어가듯이 슬쩍 넘어가련다. 사족보다는 매우 짧지만, 원문의 번역에도 매우 공을 들였다. 원문을 읽지 않고도 알 수 있도록 했다. 또 번역의 근거에 대해서도 주석에서 밝혀놓았다. 이 모두 『논어, 그 일상의 정치』에서 한 것과 다르지 않다.

『중용』에 대해서는 이미 많은 주석서들이 나와 있다. 그러나 나의 작업은 원문의 번역과 주석도 기존의 것과 다르고, 사족에서는 더욱 큰 차별성을 보여준다. 이러한 작업은 오로지 『중용』에 내재한 깊은 맛을 느끼면서 이루어진 것이므로, 독자 여러분들께서도 그 맛을 즐길 수 있다면 더할 나위가 없겠다. 또 욕심이겠지만, 독자 여러분들이 이 『중용, 어울림의 길』을 읽으면서 고전의 깊이와 넓이와 높이를 경험하면서 사유의 지평을 넓히셨으면 하는 바람도 가져본다.

끝으로, 〈중국철학사〉 강의를 듣는 죄로 이 책의 원고 검토를 억지로 떠맡았음에도 꼼꼼하게 읽고 세세하게 지적해준 김차름, 조숙경, 임명숙, 박혜영, 이반석 등에게 고마움을 표한다. 덕분에 빠르고 정확하게 원고를 수정하고 마무리할 수 있었다. 그러했음에도 없애지 못한 오류나 착오가 있다면, 그 책임은 오로지 내 몫이다.

이제 또 나의 짧으나 즐거운 글쓰기 여정 하나가 끝났다. 멋진 책이 되어 나올 수 있도록 애써주신 산지니 출판사의 편집부 여러분들께도 고마움을 표한다.

낙서재에서 정천구

◉ 차례

『중용』, 어떻게 고전이 되었나

2권

일러두기

1. 여기서 번역하고 해석한 『중용』은 『예기주소(禮記注疏)』(十三經注疏整理本 12-15), 북경대학출판사, 2000에 실린 것을 저본으로 삼았다. 『예기주소』 권52-53이 『중용』이다.

2. 널리 쓰이는 주희의 『중용장구』를 저본으로 하지 않았으므로 장절의 구분에서도 다르다. 본래 장절 구분이 없었던 글이므로 역자의 판단에 따라 임의로 장절을 나누는 것도 의미가 있으리라 생각하였다. 그러나 글 본래의 성격과 흐름이 있으므로 장절의 구분에서 큰 차이는 나지 않았다. 다만, 본래 없던 소제목을 각 장마다 달아두어 이해를 돕고자 하였다.

3. 사족을 달면서 참조한 문헌들이 적지 않다. 그러나 번역을 하면서 기존의 번역서나 주석서는 참조하지 않았던 탓에 목록에 없다.

『孟子 譯注』, 楊伯峻 譯注, 中華書局, 1984

『書經』, 上海古籍出版社, 1987

『荀子集解』(상·하), 王先謙 撰, 中華書局, 1988

『禮記』, 上海古籍出版社, 1987

『經書』, 성균관대학교 대동문화연구원, 1990

『논어, 그 일상의 정치』, 정천구 저, 산지니, 2009

『사기세가』(상·하), 사마천 저, 정범진 외 옮김, 까치, 1994

『사기열전』(1·2), 사마천 저, 김원중 옮김, 민음사, 2007

『완역 사기본기』(1·2), 사마천 저, 김영수 옮김, 알마, 2010

『전국책』, 유향 저, 신동준 역주, 인간사랑, 2011

『조엽의 오월춘추』, 신동준 역주, 인간사랑, 2004

『좌구명의 국어』, 신동준 역주, 인간사랑, 2005

『춘추좌전』 1~3, 좌구명 저, 신동준 옮김, 한길사, 2006

『한비자』(Ⅰ·Ⅱ), 한비 저, 이운구 옮김, 한길사, 2002

『주역』, 『도덕경』, 『장자』, 『열자』 외

II장

언제나 그 자리에서

11.1

君子, 素其位而行, 不願乎其外. 素富貴, 行乎富貴;
素貧賤, 行乎貧賤; 素夷狄, 行乎夷狄; 素患難, 行
乎患難. 君子無入而不自得焉.

군자는 그 자리에 따라서 알맞게 행동하며,
그 밖의 것은 바라지 않는다. 가멸지거나 귀
해지면 가멸짐과 귀함 속에서 길을 가고, 가
난하거나 데데하면 가난과 데데함 속에서 길
을 가며, 오랑캐 속에 있으면 오랑캐 속에서
길을 가고, 걱정이나 재난에 맞닥뜨리면 걱
정이나 재난 속에서 길을 간다. 군자는 어떠
한 상황에서도 스스로 길을 얻지 못하는 일
이 없다.

注釋 소(素)는 ~에 따라, ~에 맞게라는 뜻으
로, 주어진 상황에 맞게 한다는 말맛이 있다.

蛇足 앞서 군자는 "때에 알맞게 한다"고 했다.
군자라고 해서 편안하거나 안정된 자리에만 있게
되는 건 아니다. 스스로 위태로운 일을 하지는 않

으나, 그 자신이 의도한 바와 다르게 상황이 전개되는 일이 비일비재하기 때문이다. 또 군자는 자기를 잡도리하는 데 힘쓰는 사람이지, 다른 사람이나 외부의 상황을 제 뜻대로 움직이려 하는 사람은 아니다. 자기 밖의 것을 뜻대로 하려는 짓은 어리석고 부질없는 짓임을 누구보다 잘 알고 있다. 맹자가 "해서는 안 될 것을 하지 않고 바라서는 안 될 것을 바라지 않으니, 그저 이러할 뿐이다"(無爲其所不爲, 無欲其所不欲, 如此而已矣. -『맹자』「진심상(盡心上)」)라고 말한 것도 그 때문이다. 그래서 억지로 하려 하지 않고, 늘 이치에 맞게 하려고 한다.

흔히 군자라면 힘들거나 괴로운 상황에 처하는 일이 없다고 여긴다. 그러나 그렇지 않다. 군자도 다른 사람들과 마찬가지다. 꿈에서도 만나고 싶어하지 않는 대상을 만날 때가 있고, 피하고 싶은 상황에 어쩔 수 없이 맞닥뜨릴 때도 당연히 있다. 그럴 때에도 자신이 주인임을 잊지 않을 뿐이다. 대상이나 상황에 휘둘리지 않고, 자기 중심을 똑바로 잡고 있을 수 있는 것뿐이다. 그것은 앞서도 나왔듯이, 세상에는 "성인이라도 알지 못하는 게 있고 하지 못하는 게 있음"을 잘 알고 있기 때문이다.

위의 짤막한 문장은 그 자체로 절묘하게 엮어져 있다. 먼저 군자는 어떻게 행동하는지에 대한 일반적인 원리를 제시하고, 이어서 가장 흔하게 봉착하게 되는 네 가지 상황을 들면서 군자라면 그 상황에서 어떻게 하는지를 말하고 있으며, 끝으로 군자가 그렇게 하는 이유나 근거를 말하면서 매조지고 있다. 흔히 말하는 서론, 본론, 결론의 논리 전개 방식을 취하고 있는 듯하지만, 그러한 형식보다는 내용상으로 짜임새를 갖추고 있다고 말하는 편이 더 적절하다.

먼저 군자는 "그 자리에 따라서 알맞게 행동하며, 그 밖의 것은 바라지 않는다"고 했다. 대개의 사람들은 바라지 않던 상황이 닥치면, 상황파악을 제대로 하기도 전에 먼저 움츠러들면서 무작정 그 상황에서 벗어나려 하거나 피하려고만 애쓴다. 그러나 그렇게 되지 않는다. 만약 그렇게 된다고 한다면, 그다지 심각한 상황은 아니니 무엇이 문제겠는가.

그러면 왜 버둥질을 해도 벗어나지 못하고 피

할 수 없는 것일까? 그 자신이 그런 상황을 초래한 주요한 원인이기 때문이다. 불가에서는 '인연(因緣)'을 말하는데, 인(因)은 내적 원인이고 연(緣)은 외적 원인이다. 즉, '나'에게서 말미암은 원인과 '외부'에서 비롯된 원인이 만날 때에만 구체적인 사태가 발생한다는 말이다. 이런 인연법을 설하지 않는 종교나 철학에서도 이러한 이치에 대해 한결같이 말하고 있다. 여기 『중용』에서도 드러내놓고 말하는 것은 아니지만, 군자의 길에서 터득해야 할 이치 가운데 하나가 바로 그것임을 은근히 일깨워주고 있다.

　살다 보면 부유할 때도 있고 가난할 때도 있다. 부유한 집안에서 태어나는 이도 있고, 끔찍할 정도로 가난한 집에서 태어나는 사람도 있다. 부유하게 태어난 자는 흥청망청 써도 되고, 가난한 자는 부모를 탓하면서 자포자기해야 하는가? 아니다. 공자가 말했듯이, 부유한 자는 부유한 만큼 예를 알고 예를 행하여야 한다. 그렇지 않으면, 그의 재물을 노리는 자들만 그에게 들러붙을 것이다. 파리떼가 꼬이듯이. 마찬가지로 가난하더라도 좌절할 필요도 없고 해서도 안 된다. 가난을 싫어

17

한다면, 그 가난을 기꺼이 받아들여야 한다. 그럴 때에만 돌파구를 찾을 수 있다. 막연하게 싫어하기만 해서는 마음만 뒤틀리고 움츠러질 뿐이다. 안회처럼 한 그릇 밥과 한 바가지 물로 지저분한 거리에 살면서도 거기에 숨겨진 즐거움을 누리는 일은 힘들지라도, "범의 굴에 들어가도 정신만 차리면 된다"는 속담처럼 상황을 직시하면 바로 거기에 길이 있음을 알게 된다.

어떤 문제든 답이 있다. 답이 없는 문제는 문제가 아니며, 문제로 주어졌다면 거기에는 반드시 답이 있다. 내가 처한 상황이 어떠하든, 그 모든 일은 인간세 속에서 벌어진 것이다. 신(神)이 농간을 부리는 것이 아니라는 말이다. 내가 가난한 집에서 태어난 것도 알고 보면 부모가 만든 일이다. 사업을 하다가 망하거나 주식 투자를 하다가 패가망신한 것도 모두 내 선택이었다. 그 어느 것도 사람의 일 아닌 것이 없고, 내가 맞닥뜨린 문제치고 내가 선택하지 않은 것이 없다. 무지에서 비롯되었건 탐욕으로 말미암아 그렇게 되었건 간에 그 모든 일에는 초월적인 존재자의 개입은 전혀 없다. 내가 어쩌지 못하는 불가항력이 있었다는

18

것은 한낱 핑계일 뿐이다. 사람이 초래한 일은 사람이 해결할 수 있고, 내가 저지른 일은 내가 바로잡을 수 있다. 또 그렇게 해야 한다. 피한다고 벗어날 수 있는 게 아니다.

군자는 인간세상의 모든 상황들, 당장에 이해할 수 없는 상황들조차 사람들이 스스로 초래한 것임을 알고 있다. 그 자신이 참혹한 시련에 봉착하더라도 원망하거나 탓하기보다는 그것 또한 자신이 초래한 일임을 겸허하게 받아들이면서 그 속에서 길을 찾는다. 군자로서 걸어온 그 길들이 바로 눈앞의 환난이나 시련에서 벗어날 길이기도 함을 잘 알고 있기 때문이다. 그래서 "군자는 어떠한 상황에서도 스스로 길을 얻지 못하는 일이 없다"고 말한 것이다.

在上位不陵下, 在下位不援上, 正己而不求於人,
則無怨. 上不怨天, 下不尤人. 故君子居易以俟命,
小人行險以徼幸.

군자는 윗자리에 있으면 아랫사람을 업신여
기지 않고, 아랫자리에 있으면 윗사람에게 매
달리지 않으며, 자기를 바르게 하고 남에게
서 구하지 않으므로 탓하는 일이 없다. 위로
는 하늘에 지청구하지 않고, 아래로는 사람을
탓하지 않는다. 그러므로 군자는 편안한 데에
있으면서 천명을 기다리고, 소인은 간간한 짓
을 하면서 요행수를 바란다.

注釋　릉(陵)은 가벼이 여기다, 업신여기다는 뜻
이다. 원(援)은 매달리다, 붙들고 늘어지다는 뜻이
다. 우(尤)는 탓하다, 나무라다는 뜻이다. 이(易)는
편안하다, 평탄하다는 뜻이다. 사(俟)는 기다리다
는 뜻이다. 험(險)은 아슬아슬하다, 간간하다는 뜻
이다. 요(徼)는 구하다, 바라다는 뜻이다. 행(幸)은
뜻밖의 운수를 뜻한다.

蛇足 윗자리는 앞서 나온 '부귀(富貴)'를, 아랫자리는 '빈천(貧賤)'을 가리킨다고 할 수 있다. 부귀한 사람이 빈천한 사람을 업신여긴다면, 그것은 "가멸지거나 귀해지면 가멸짐과 귀함 속에서 길을 가는" 일이 아니다. 빈천한 사람이 부귀한 사람에게 매달린다면, 그것 또한 "가난하거나 데데하면 가난과 데데함 속에서 길을 가는" 일이 아니다.

『논어』「학이」편에 다음의 대화가 나온다.

자공이 스승께 여쭈었다.
"가난하면서도 알랑거리지 않고 가멸하면서도 으스대지 않으면 어떻습니까?"
스승께서 말씀하셨다.
"괜찮구나. 허나 가난하면서도 즐길 줄 알고 가멸하면서도 예를 좋아하는 것만은 못하니라."
(子貢曰: "貧而無諂, 富而無驕, 何如?" 子曰: "可也. 未若貧而樂, 富而好禮者也.")

가난하면서 알랑거리는 짓이 "아랫자리에 있

으면서 윗사람에게 매달리는"것이고, 가멸하면서 으스대는 짓이 "윗자리에 있으면서 아랫사람을 업신여기는" 것이다. 가난해도 알랑거리지 않는 것도 쉽지 않은 일이고, 가멸하면서 으스대지 않는 것도 좋은 일이지만, 그것으로는 군자답다고 할 수 없다. "가난하면서도 즐길 줄 알고 가멸하면서도 예를 좋아해야" 군자의 길을 간다고 할 수 있다.

순자는 여기서 더 나아가 윗자리에 있으면서 잘못하는 행위와 아랫자리에 있으면서 잘못하는 행위를 구분하여 자세하게 말한 적이 있다.

사람에게 세 가지 좋지 못한 행동이 있다. 나이가 어리면서 어른 모시기를 탐탁치 않게 여기고, 신분이 낮으면서 높은 이 섬기기를 탐탁치 않게 여기며, 못났으면서 똑똑한 이 섬기기를 탐탁치 않게 여기는 것이니, 이것이 사람의 세 가지 좋지 못한 행동이다. 사람에게 반드시 궁지로 내모는 행동이 있다. 윗사람이 되어서 아랫사람 아낄 줄 모르고 아랫사람이 되어서 윗사람 헐뜯기를 좋아하는 것이 궁지로 내모는 첫 번째 행동이다.

마주해서는 따르는 듯이 하다가 돌아서서는 얕
보는 것이 궁지로 내모는 두 번째 행동이다. 앎
이나 행동이 천박하고 가진 능력은 남보다 훨씬
못한데도 어진 이를 받들 줄 모르고 지혜로운 선
비를 높일 줄 모르는 것이 궁지로 내모는 세 번
째 행동이다. -『순자』「비상(非相)」

(人有三不祥. 幼而不肯事長, 賤而不肯事貴, 不肖而
不肯事賢, 是人之三不祥也. 人有三必窮, 爲上則不能
愛下, 爲下則好非其上, 是人之一必窮也. 鄕則不若,
偝則謾之, 是人之二必窮也. 知行淺薄, 曲直有以相縣
矣, 然而仁人不能推, 知士不能明, 是人之三必窮也.)

세 가지 좋지 못한 행동은 아랫자리에 있으면
서 윗사람을 알맞게 대하지 못하는 짓이다. 이는
처지를 바꾸어 놓으면 윗자리에 있으면서 아랫
사람을 알맞게 대하지 못하는 짓이 된다. 이 정도
면 그래도 괜찮다. 이에서 더 막 나가면, 자신을
궁지로 내모는 짓을 한다. 그게 이어지는 세 가지
행동이다.

나이가 많든 적든, 신분이 높든 낮든, 머리가 나
쁘든 똑똑하든, 잘못을 저지르는 것은 자신을 바

로 세우지 않았기 때문이고 또 바로 세우려 하지 않기 때문이다. 자신을 바로 세우지 않는 사람은 자신을 돌아볼 줄 모른다. 오로지 남을 탓하고 하늘을 원망한다. 그러다 보니, 허물이 고쳐지지 않아서 같은 잘못을 되풀이한다. 악순환이다. 군자는 이와 반대다. 군자도 잘못하는 일이 있고 허물을 저지를 때가 있지만, 바로 그 순간 자기를 돌아보고 자기에게서 잘못의 원인을 찾아서 고치려 한다. 그것이 "자기를 바르게 하고 남에게서 구하지 않는 일"이니, 이렇게 하면 남을 탓하지 않고 하늘에 대고 불평하지도 않는다.

하늘에 지청구하고 남을 탓하는 것은 그게 쓸모없는 짓이고 헛된 짓임을 모르기 때문이다. 자기를 모르니 남을 어찌 알 것이며, 길에서 벗어나 내달리고 있으니 어찌 하늘의 뜻을 알 것인가.

자기를 아는 자는 남을 탓하지 않고, 천명을 아는 자는 하늘을 탓하지 않는다. 남을 탓하는 자는 궁지에 몰리고, 하늘을 탓하는 자는 아무 것도 터득하지 못한다. 자기가 잘못하고서 남에게

탓을 돌린다면, 어찌 이치에 어두운 게 아니겠는가! -『순자』「영욕(榮辱)」

(自知者不怨人, 知命者不怨天. 怨人者窮, 怨天者無志. 失之己, 反之人, 豈不迂乎哉!)

여기서도 천명은 스스로 알고 깨달아야 할 대상으로서 천명이다. 자각의 대상으로서 천명이다. 그러니 천명을 아는 자가 어찌 하늘을 탓하겠는가. 어쨌든 자기자신을 알고 천명을 아는 자는 군자다. 공자가 "군자는 자신에게서 찾고, 소인은 남에게서 찾는다"(君子求諸己, 小人求諸人. -『논어』「위령공」)고 말했듯이, 남을 탓하고 하늘을 탓하는 자는 소인이다. 그들은 문제의 해결책을 찾으려 하지 않고, 책임을 지지 않으려고 애쓸 뿐이다. 그러니 갈수록 이치에 대해서는 어두워질 수밖에. 이치에 어두우니, 같은 허물을 다시 저지르지 않겠는가?

소인은 이치에는 어둡지만 이끗에는 밝다. 이끗이야말로 자신의 삶을 풍요롭게 해주리라는 확신을 갖고 산다. 사람에게 탐심(貪心)이 있는 것은 당연하지 않은가 하고 여기며 항변한다. 물론,

맞는 말이다. 그러나 그 탐심을 스스로 다스릴 줄 알기 때문에 사람이고 다스려야만 제 삶이 온전해진다는 사실은 잊고 있다.

탐심에 휘둘리게 되면, 자신이 바라는 것을 얻기 위해 무슨 짓이든 서슴지 않고 한다. "소인은 간간한 짓을 하면서 요행수를 바란다"고 한 말이 그런 뜻이다. 왜 간간한 짓을 하는가? 바라는 것이 제 능력을 넘어서는 것이기 때문에 간간한 짓을 하지 않고서는 얻지 못하기 때문이다. 그러나 제 능력을 넘어서는 것이기 때문에 간간한 짓을 하고도 얻지 못하는 일이 다반사다. 간혹 바라는 것을 얻더라도 그것은 요행수일 뿐이다. 다만, 소인은 자신의 노력으로 얻은 것이라 자부하고 뽐내며, "편안한 데에 있으면서 천명을 기다리는" 군자를 오히려 멸시한다. 무능력하고 소극적이며 열정도 패기도 없다고 하면서 말이다. 그렇게 요행으로 얻은 것이 도리어 자신을 헤어나기 어려운 늪 속으로 끌어들이고 있음을 전혀 알아채지 못한 채.

어리석은 자는 이와 반대다. 중요한 자리에 앉

아 권력을 휘두르면 제멋대로 일을 처리하기 좋아하고 어질고 유능한 자를 강샘하며, 공이 있는 자를 억누르고 죄 있는 자를 밀어 올리며, 마음은 교만으로 가득 차고 묵은 원한은 서둘러 갚으려 하며, 윗자리에 있을 때는 다랍게 굴면서 베풀지 않고 아랫자리에 있을 때는 중요한 자리에 있는 척하면서 권력을 함부로 쓰니, 비록 간간해지지 않으려 한들 어찌 그렇게 되겠는가? 이런 까닭에 소인은 자리가 높으면 반드시 간간해지고, 중요한 일을 맡으면 반드시 망치고, 총애를 입어 멋대로 굴면 반드시 곤욕을 치르는데, 이런 일이 일어나는 것은 가만 서서도 기다릴 수 있으며 혹 불어도 자빠질 정도다. 어찌하여 그러한가? 그를 무너뜨리려는 자는 많고, 붙들어주려는 자는 적기 때문이다. ─『순자』「중니(仲尼)」

(愚者反是. 處重擅權, 則好專事而妬賢能, 抑有功而擠有罪, 志驕盈而輕舊怨, 以吝嗇而不行施道乎上, 爲重招權於下以妨害人, 雖欲無危, 得乎哉? 是以位尊則必危, 任重則必廢, 擅寵則必辱, 可立而待也, 可炊而僔也, 是何也? 則墮之者衆而持之者寡矣.)

군자가 편안한 데에 있다는 말은 도전적이지도 모험적이지도 않다는 뜻이 아니다. 오히려 군자야 말로 끝도 모르고 뚜렷하지도 않은 길을 나아가는 자이니, 참으로 도전적인 정신을 지닌 모험가라 할 만하다. 이치를 따르는 일은 힘들고 고단하기만 할 뿐 아무런 이익이 없으니 재주껏 속이며 살아야 한다고 세상사람들이 말할 때에도, 군자는 "사람의 삶이란 곧은 것이니, 속이며 살아봐야 요행으로 피할 뿐이다"(人之生也直, 罔之生也幸而免. — 『논어』 「옹야」)라고 한 공자의 말을 깊이 이해하고 믿으며 갈 길을 간다.

군자가 편안한 데에 있으면서 천명을 기다릴 줄 아는 것은 곧 자신이 할 수 있는 일이 있고 할 수 없는 일이 있음을 잘 알기 때문이리라. 스스로 할 수 있는 일과 할 수 없는 일을 잘 알아서 행하는 자를 순자는 '성스러운 군자(誠君子)'라 하였다.

사군자가 할 수 있는 것과 할 수 없는 것은 이러하다. 군자는 자신이 귀해지도록 할 수는 있으나 남들에게 자기를 반드시 귀하게 대하도록 할 수는 없으며, 스스로 미쁘게 행동할 수는 있으나 남들에게 자기를 반드시 믿도록 하게 할 수는 없으며, 쓰일 수 있도록 행동할 수는 있으나 남들에게 자기를 반드시 쓰도록 하게 할 수는 없다. 그러므로 군자는 자신을 닦지 않은 것을 부끄러워하지 더럽게 여겨지는 것을 부끄러워하지 않으며, 미쁘지 않은 것을 부끄러워하지 미쁘게 보이지 않는 것을 부끄러워하지 않으며, 잘하지 못하는 것을 부끄러워하지 쓰이지 못하는 것을 부끄러워하지 않는다. 이런 까닭에 명예에 이끌리지 않고 비방을 두려워하지 않으며 도를 따라서 행하고 자기를 가지런히 바로잡으며 바깥 사물에 흔들리지 않으니, 이를 가리켜 성스러운 군자라 한다.

– 『순자』 「비십이자(非十二子)」

(士君子之所能不能爲. 君子能爲可貴, 不能使人必貴己; 能爲可信, 不能使人必信己; 能爲可用, 不能使人必用己. 故君子恥不修, 不恥見汙; 恥不信, 不恥不見信; 恥不能, 不恥不見用. 是以不誘於譽, 不恐於誹, 率道而行, 端然正己, 不爲物傾側, 夫是之謂誠君子.)

이렇듯 군자는 자기 자신을 잘 알기 때문에 제 능력에 맞게 한걸음씩 내디디려 애쓴다. 바로 지금 할 수 있는 것만을 지극한 마음으로 다할 뿐이며, 그 속에서 즐거움을 찾아내고 누린다. 이미 즐거움을 누리고 있으므로 미리 결과를 헤아리지 않는다. 그것이 "천명을 기다린다"는 말에 담긴 의미다. 설령 애쓴 만큼의 결과가 나오지 않더라도 탓하는 마음이 없는 것은 사람이 할 수 있는 일은 그 과정에서 지극함을 다하는 것일 뿐, 결과라는 것은 성인조차 모르는 변수가 작용해서 나오는 것임을 알기 때문이다. 또 그 결과는 새롭게 펼쳐질 과정의 시작일 뿐이라는 것도 잘 알기 때문이다.

11.3

子曰: "射有似乎君子. 失諸正鵠, 反求諸其身."

공자께서 말씀하셨다.
"활쏘기는 군자와 비슷한 데가 있구나. 활을
쏘아 과녁을 맞히지 못하면, 돌이켜 제 몸에서
그 이유를 찾으니."

注釋　　저(諸)는 지어(之於)와 같다. 정곡(正鵠)은
과녁의 한가운데에 있는 점으로, 정은 베로 만든
것이고, 곡은 가죽으로 만든 것이다. 반(反)은 돌
이켜 생각하다는 뜻이다. 구(求)는 원인이나 이유
를 찾는다는 뜻이다.

蛇足　　공자는 "군자는 다투는 일이 없어. 굳이
다툰다고 한다면 활쏘기 정도랄까! 허리 숙여 인
사하고 발판을 오르고, 내려와서는 한 잔 들이키
지. 그런 다툼이라야 군자다운 거지"(君子, 無所爭.
必也射乎! 揖讓而升, 下而飮. 其爭也君子. -『논어』「팔
일」)라고 말한 바 있다. 군자가 다투지 않는 까닭
은 지식을 탐구하지 않고 지혜를 터득하려 하기

31

때문이다. 지혜란 토론이나 논쟁을 통해서 터득할 수 있는 게 아니라, 그 스스로 일상에서 늘 깨어 있으면서 실천할 때에만 체득할 수 있는 것이기 때문이다. 그러니 누구와 다툴 일이 있겠는가. 소인을 만나면 소인을 통해 자신을 되돌아볼 뿐이고, 현자나 성자를 만나면 귀 기울여서 들으며 가르침을 받을 뿐이다.

활쏘기에서 "내려와서는 한 잔 들이키는 일"은 곧 과녁을 맞추지 못한 잘못이 자기에게 있음을 인정하고 반성하는 것을 행위로 표현한 것이다. "활을 쏘아 과녁을 맞히지 못하면, 돌이켜 제 몸에서 그 이유를 찾으니"라고 한 것이 벌주(罰酒)로써 표현된 것이다. 이렇듯이 늘 자신을 돌아보는 데서 후학들을 가르치고 사람들을 아우르며 정치를 펴는 능력이 자라고 갖추어진다. 그런 능력을 순자는 '겸술(兼術)'이라 하였다.

그러므로 군자는 자신을 헤아릴 때는 먹줄을 치듯이 하고, 남과 사귈 때는 활 도지개를 쓰듯이 한다. 자신을 헤아릴 때 먹줄을 치듯이 하므로 천하의 본보기가 되기에 넉넉하고, 남과 사귈 때

활 도지개를 쓰듯이 하므로 너그럽게 두루 껴안을 수 있으므로, 이로 말미암아 천하의 큰일을 이룰 수 있다. 따라서 군자는 현명하면서도 능력 없는 자를 껴안을 수 있고, 지혜로우면서도 어리석은 자를 껴안을 수 있으며, 너르고 크면서도 얄팍한 자를 껴안을 수 있고, 순수하면서도 잡된 자를 껴안을 수 있으니, 이를 가리켜 '아우르는 능력'이라 한다. ─『순자』「비상(非相)」

(故君子之度己則以繩, 接人則用抴. 度己以繩, 故足以爲天下法則矣; 接人用抴, 故能寬容, 因求以成天下之大事矣. 故君子賢而能容罷, 知而能容愚, 博而能容淺, 粹而能容雜, 夫是之謂兼術.)

군자가 능력 없는 자나 어리석은 자, 얄팍한 자, 잡된 자 등을 껴안을 수 있는 것은 자신을 돌아볼 줄 알기 때문이다. 사람의 내면에는 사람을 이치에서 벗어나도록 끊임없이 유혹하고 자극하는 갖가지 심리가 꿈틀대고 있음을 자신을 돌아보는 과정에서 알아챘기 때문이다. 능력 없는 자, 어리석은 자, 얄팍한 자, 잡된 자 등을 군자는 오히려 껴안아서 바르게 이끌려고 하지만, 그들 자신들

33

은 서로 싫어하며 배척한다. 자신과 똑같기 때문에 싫어하고, 스스로 돌아보지 않기 때문에 서로 배척하는 것이다. 그러면서 군자가 껴안아주거나 가까이해주면, 또 제 꼴은 모르고 거드럭거린다. 몰라도 한참 모르는 자, 소인이로다!

12장

어울림은
집안에서부터

12.1

君子之道, 辟如行遠必自邇, 辟如登高必自卑. 詩曰: "妻子好合, 如鼓瑟琴. 兄弟旣翕, 和樂且耽. 宜爾室家, 樂爾妻帑."

子曰: "父母其順矣乎!"

군자의 길은 비유하자면 멀리 갈 때에 반드시 가까운 데서 시작하는 것과 같고, 높이 오를 때에 반드시 낮은 데서 출발하는 것과 같다. 시에서 노래하였다.

"아내와 자식들과 잘 지내니
거문고를 타는 것과 같도다.
형과 아우가 하나가 되니
어울림이 흥겹고도 즐겁구나.
네 집안을 잘 꾸려가고
아내와 자식들을 즐겁게 해주라."
공자께서 말씀하셨다.
"어버이가 덩달아 기뻐하시는도다!"

注釋　　비(辟)는 비(譬)와 같으며, 비기다, 비유하다는 뜻이다. 자(自)는 종(從)과 같으며, ~에서

부터를 뜻한다. 이(邇)는 가깝다는 뜻이다. 비(卑)는 낮은 곳을 뜻한다. 시는 『시경』의 「소아(小雅)」 〈상체(常棣)〉편에 나오는 구절이다. 슬금(瑟琴)은 흔히 '금슬(琴瑟)'이라 하며 소리가 서로 어우러지는 것을 뜻하는데, 부부의 사이가 좋은 것을 비유한다. 흡(翕)은 하나가 되다, 마음이 맞다는 뜻이다. 탐(耽)은 맘껏 즐기다는 뜻이다. 의(宜)는 구순하다, 고르게 하다는 뜻이다. 노(帑)는 노(孥)와 같으며, 자식, 처자를 뜻한다. 순(順)은 따라서 즐기다, 기뻐하다는 뜻이다.

蛇足 앞서 군자는 자기를 바로잡는 일에 힘쓴다고 했는데, 그것은 군자의 길을 감에 있어 기본이 된다. 그러한 기본이 최초로 발현되는 곳이 집안이다. 아내와 자식들이 잘 지내지 못하고, 형제간의 우애가 좋지 못하다면, 그가 간다고 하는 그 길이 과연 군자의 길이라 할 수 있을까?

예나 이제나 밖에 나가서는 사람들로부터 괜찮은 사람이라느니 예의를 아는 사람이라느니 하는 평판을 얻으면서 정작 가족들에게는 미쁨을 주지 못하는 자들이 적지 않다. 제 친구들에게는 잘 해주면서 아내와 자식들에게는 인색하게 구는 자들도 있다. 저 혼자 좋아하는 일에 빠져서 처자식이 굶거나 헐벗는 것을 대수롭지 않게 여기는 자들도 있다. 그러면서 남자가 사회생활을 하면 그럴 수도 있다느니, 오히려 내조가 부실하다느니, 고생은 사서 한다느니, 이건 내가 이루고 싶은 꿈이라느니 하는 망발을 하기 일쑤다. 그야말로 영락없이 소인이다.

자신을 바로잡는 군자라면 당연히 가족들부터 챙기면서 구순하게 지내도록 애써야 한다. 물론 이는 가족이나 혈연을 중시하는 유가 사상의 특성이기는 하지만, 그것은 인간의 실존적 상황이 가족이나 혈연이라는 관계로부터 자유로울 수 없음을 인식한 데서 자연스럽게 나온 것이다. 실제로 가족이나 혈연은 사람이 태어나면서부터 맺게 되는 최초의 관계이면서, 그 속에서 정치적이거나 사회적이거나 문화적인 갖가지 관계들에 대해 경험하게 되는 공동체적 삶의 최초 지점이기도 하다.

안에서 새는 쪽박, 밖에서도 샌다

우리 속담에 "안에서 새는 쪽박, 밖에서도 샌다"는 게 있다. 물론, 안에서는 새지만 밖에서는 새는지 모를 수도 있다. 물을 담지 않으면 새는지 누가 알겠는가. 남들이 판단할 만한 거리를 주지 않으면, 나름대로 보신(保身)한다는 소리는 들을 수 있다. 그러나 그것으로 그만이다. 책잡힐 일을 하지 않아서 밑천이 드러나지는 않겠지만, 역시 아무것도 하지 않으므로 무능한 자로 낙인찍힌다. 어느 시인의 시구처럼, "불쌍하도다 나여/숨어도 가난한 옷자락 보이도다!"(「불쌍하도다」, 정현종)

『맹자』「이루하(離婁下)」에 다음의 이야기가 나온다.

제나라에 아내와 첩을 한 집에 두고 사는 자가 있었는데, 그 남편이 밖에 나가면 반드시 술과 고기를 배불리 먹은 뒤에 돌아오곤 하였다. 그 아내가 "누구와 이렇게 마시고 드셨는지요?" 하고 물었더니, "모두 부유하고 귀한 사람들이라네"라고 대답하였다.

아내가 첩에게 말하였다.

"남편이 나가면 반드시 술과 고기를 배불리 드신 뒤에 돌아오시기에 '누구와 이렇게 마시고 드셨는지요?' 하고 여쭈었더니 모두 부유하고 귀한 사람들이라고 하였네만, 여태 그런 부귀한 사람이 찾아온 적은 없다네. 그래서 내 오늘은 남편이 가는 곳을 몰래 따라가보려 하네."

이튿날 아침, 일찍 일어난 아내는 남편이 가는 곳을 따라갔는데, 온 도성 안을 돌아다녀도 함께 서서 이야기를 나누는 자가 없었다. 마침내 동쪽 성 밖의 묘지에 이르렀는데, 제사 지내는 곳으로 가더니 남은 음식을 빌어먹었고, 모자라자 다시 여기저기 돌아보면서 딴 곳으로 갔다. 이것이 그가 배불리 먹는 방법이었다.

그 아내가 돌아와서 첩에게 알려주며 말하였다.

"남편은 우리가 우러러보며 평생을 기대며 살 사람인데, 이제 그가 하는 꼴이 이렇구나!"

아내는 첩과 함께 남편을 욕하고는 마당 한가운데서 서로 부둥켜 울었다. 그때 남편은 아무것도 모른 채 흐뭇한 표정을 하고서 들어와서는 아내와 첩에게 잘난 체하였다. 군자의 눈으로 보면,

이 사람처럼 부귀를 구하고 영달하려 한다면 그 아내와 첩이 부끄러워하면서 서로 울지 않는 일이 거의 없으리라.

(齊人有一妻一妾而處室者, 其良人出, 則必饜酒肉而後反. 其妻問所與飮食者, 則盡富貴也. 其妻告其妾曰: "良人出, 則必饜酒肉而後反, 問其與飮食者, 盡富貴也, 而未嘗有顯者來. 吾將瞯良人之所之也."

蚤起, 施從良人之所之, 徧國中無與立談者. 卒之東郭墦間, 之祭者, 乞其餘, 不足, 又顧而之他. 此其謂饜足之道也.

其妻歸, 告其妾, 曰: "良人者, 所仰望而終身也, 今若此!" 與其妾訕其良人, 而相泣於中庭, 而良人未之知也, 施施從外來, 驕其妻妾.

由君子觀之, 則人之所以求富貴利達者, 其妻妾不羞也, 而不相泣者, 幾希矣.)

왜 아내가 남편의 뒤를 따라 나섰을까? 평소 집안에서 하는 짓을 아는 아내로서는, 남편이 밖에서 부유하고 귀한 자를 만났다는 말이 믿기지 않은 것이다. 아내에게 미쁨을 준 적이 없다는 말이다. 아내에게 미쁨을 준 적이 없는데, 어디서 고상한 선비를 만날 것이며 어떻게 부귀한 자를 사귈 것인가? 아무리 밖에서 하는 일을 모른다고 하여도, 그가 안에 들어와서 하는 짓을 보면 대충 짐작할 수 있다. 다만, 그 자신만 모른다. "흐뭇한 표정을 하고서 들어와서는 아내와 첩에게 잘난 체하는" 위 이야기의 남편처럼 말이다.

煮豆燃豆其	콩을 삶으려 콩깍지 태우고
漉豉以爲汁	메주를 걸러 즙을 만드네.
其在釜下燃	콩깍지는 솥 아래서 타고
豆在釜中泣	콩은 솥 안에서 우는도다.
本是同根生	본래 같은 뿌리에서 났건만
相煎何太急	서로 지지고 볶는 게 어찌 이토록 급한가.

콩과 콩깍지는 같은 뿌리에서 나므로 콩깍지가 타면서 콩을 볶는다는 말은 형제가 서로 핍박한다는 것을 비유한다. 『세설신어(世說新語)』「문학(文學)」편에 실려 있는 시다. 조조(曹操)를 이어 위(魏)의 문제(文帝)가 된 조비(曹丕)가 아우인 동

아왕(東阿王) 조식(曹植)을 싫어하여 일곱 걸음만에 시를 지으라고 명하면서 만약 짓지 못하면 극형에 처하겠다고 하였다. 그 말을 듣고 조식이 지은 시가 이것이다. 흔히 이 시를 '칠보시(七步詩)'라 부르는 이유도 여기에 있다. 정말로 조비가 그런 명을 내렸고 조식이 또 이 시를 지었는지는 아직도 명확하지는 않다. 다만, 조비와 조식의 사이가 좋지 않았다는 것은 역사적으로 분명하다.

조식은 열 살 남짓할 때 이미 『시경』과 『논어』를 비롯해서 사부(辭賦) 10만 자를 암송하였고 문장을 짓는 데에도 뛰어났다고 한다. 그래서 늘 조조에게 각별한 총애를 받았다. 그런데 조식은 그 성정이 꾸밈이 없고 위엄을 차리려 하지 않았으며 음주에 절제가 없었다. 한마디로 제 마음대로 행동하였다. 반면, 형인 조비는 속내를 숨긴 채 조조를 받들고 궁중 사람들과 조조 주위의 신하들을 끌어들여서 모두 자신을 위해 좋게 말하도록 하였다. 이리하여 조식은 조조의 총애를 잃었고, 조비는 마침내 계승자가 되었다. 조비가 왕위에 오른 뒤에 조식은 자신의 봉지(封地)로 가서 몸을 사리며 조용히 지내야 했다. 항상 걱정에 젖어 살다가 끝내 병을 얻어 죽으니, 나이 마흔한 살이었다. 타고난 재주에 걸맞은 덕을 지니지 못해서였는지, 아니면 형 조비처럼 음흉한 마음을 가지지 못한 탓이었는지, 그 둘이 어우러져서 그랬는지 알 길은 없다. 그러나 형제가 서로 도탑게 정을 나누지 못하였으니, 후대에 위의 시가 전해지게 된 것이다.

제왕의 사업이란 범부의 일과는 사뭇 달라서, 같은 잣대를 대고 동일선상에서 평가할 수는 없다. 한 나라나 천하를 좌지우지할 권력을 다투는 입장에 서 있는 형제와 평범한 집안에서 보잘것없는 가업을 이어갈 형제가 같을 수는 없는 법이다. 그러나 사람의 삶이란 제왕이든 농부든 다를 것이 없다. 처자를 잘 지키고 형제가 하나가 되어 어우러지지 못하면, 부모는 늘 걱정이다. 다행히 조조는 두 형제 사이가 그렇게 나쁜 줄을 몰랐다. 조식은 성품이 미워할 줄 몰랐고, 조비는 속을 감출 줄 알았기 때문이다. 그렇다고 우애 있는 형제의 모습을 본 것도 아니었다. 삼국을 통일하여 천하를 발 아래 두고자 했던 조조이지만, 집안을 잡도리하는 데 있어서는 아무래도 젬병이었다고 할

만하다. 천하통일에 견주면 그까짓 것이 무슨 대
수냐고 여겼을지도 모른다. 그러나 "어버이가 덩
달아 기뻐하시도다!" 하는 그런 기쁨이 얼마나 큰
지를, 온 집안 사람들이 구순하게 지내도록 하는
일이 천하를 통일하는 일에 못지 않게 기쁘고 즐
거우며 고귀한 일일 수 있음을, 그는 몰랐다. 그래
서 야심만만한 간웅(奸雄)이었을 뿐, 어질고 지혜
로운 왕자(王者)는 못 되었던 것이다.

그 대단한 조조가 세상을 떠나고 조비가 황제
라 칭한 지 불과 30년만에 사마의(司馬懿)가 실
권을 장악하고, 그로부터 14년 뒤에 사마의의
손자인 사마염(司馬炎)이 선양을 받아 낙양에 도
읍을 정하고 진(晉)을 세웠다. 이렇게 신하에게
제위를 빼앗기게 된 데에는 집안의 분란과 불화
가 중요한 원인으로 작용했으리라고 볼 수도 있
지 않을까?

13장

성스러운 귀신의 작용

13.1

子曰: "鬼神之爲德, 其盛矣乎! 視之而弗見, 聽之而弗聞, 體物而不可遺! 使天下之人, 齊明盛服, 以承祭祀. 洋洋乎, 如在其上, 如在其左右! 詩曰: '神之格思, 不可度思, 矧可射思!' 夫微之顯, 誠之不可揜, 如此夫!"

공자께서 말씀하셨다.
"귀신의 작용이 덕이 되니, 참으로 대단하구나! 보아도 보이지 않고 들어도 들리지 않으나, 온갖 것과 한 몸이어서 버릴 수가 없도다! 천하 사람들이 몸을 삼가 깨끗이 하고 의복을 잘 갖추어 입고서 제사를 받들게 하는구나. 넘실넘실 위에 있는 듯도 하고 곁에 있는 듯도 하구나!
시에서 노래하였다.
'신이 오시는도다!
헤아릴 수조차 없나니,
하물며 싫어할 수 있으랴!'
저 은미한 것이 드러나니, 성(誠)스러움을 가릴 수 없는 게 이와 같구나!"

注釋 귀신(鬼神)에서 귀는 죽은 사람의 넋이고, 신은 하늘이나 땅 등의 신령이다. 또 귀는 음의 신령이라면 신은 양의 신령이다. 성의호(盛矣乎)는 기운이나 기세가 넘칠 듯이 대단한 모양이다. 체(體)는 사물을 이루다, 한 몸이다는 뜻이다. 유(遺)는 버리다는 뜻으로, 여기서는 떠나다는 말맛이 있다. 제(齊)는 재(齋)와 같으며, 몸과 마음을 삼간다는 뜻이다. 명(明)은 결(潔)과 같으며, 깨끗이 하다는 뜻이다. 양양(洋洋)은 넘칠 듯이 많거나 두루 가득한 모양이다. 시는 『시경』「대아」의 〈억(抑)〉 편에 나오는 구절이다. 격(格)은 래(來)와 같으며, 오다는 뜻이다. 사(思)는 어조사다. 탁(度)은 헤아리다는 뜻이다. 신(矧)은 황(況)과 같으며, 하물며라는 뜻이다. 역(射)은 염(厭)과 같으며, 싫어하다는 뜻이다. 엄(揜)은 덮다, 가리다는 뜻이다.

蛇足 귀신은 조상신과 천신 및 지신 등을 아울러 일컫는 말로서, 대체로 전국시대까지도 신앙의 대상으로 여겼다. 그런데 여기서는 만물의 변화와 자연의 이법을 은유하는 것으로 나온다. 말하자

49

면, 조상신이든 곡물신이든 토지신이든 그 모든 신들은 일종의 기운의 움직임을 나타내는 것으로 인식하기 시작했다는 뜻이다. 인격적인 존재로 여겨서 섬기고 받들려는 것이 아니라, 물리적인 현상으로 이해하여 그 속에 내재한 원리나 이치를 탐구하려는 인식이 깔려 있다고 할 수 있다. "귀신의 작용이 덕이 된다"는 말에는 그러한 사유의 전환이 깔려 있다.

귀신의 작용을 하늘과 땅, 그 사이에 존재하는 모든 것들의 변화와 운동으로 이해한다면, 이는 귀신의 작용을 도로써 이해한 것이나 다름이 없다. 『주역』「계사전」에는 공자가 했다는 말이 언급되어 있다.

> 공자가 말하였다. "변화의 도를 아는 자는 신이 하는 일을 알리라!"
> (子曰: "知變化之道者, 其知神之所爲乎!")

신은 이법으로서 도이며, 신이 한 일은 천지의 변화라는 것이다. 이미 "한 번 음이 되고 한 번 양이 되는 것을 도라고 한다"고 했고, 또 "음과 양을 헤아릴 수 없는 것을 신이라 한다"(陰陽不測之謂神. ─「계사전」)고도 했으니, 신이 도에 의해서 대체되었음을 분명하게 읽을 수 있다. 이렇게 신을 자연에 존재하는 초월적 존재로서가 아니라 도의 상징으로서 이해하게 되면, 이제는 그러한 신의 작용 이면에 숨어 있는 도의 본질을 파악하여 체득하는 일이 군자의 과제가 된다. 그것이 이제까지 되풀이해서 말했던 '군자의 길'이다.

　귀신을 섬기려 하지 않고 도의 상징으로 받아들이면 그 이법을 알고 그 이법대로 실천하는 일이 긴요한데, 그러한 과정을 통해서 체득한 것이 곧 덕이다. 그러니 그 덕이 얼마나 대단하겠는가! "참으로 대단하구나!"라는 표현은 그렇게 해서 나온 것이다. 이제까지 인간의 밖에서 인간의 삶을 좌지우지하는 것으로 여겨졌던 존재가 인간의 주체적 각성과 철저한 실천을 통해서 내재화되는 것으로 전환되었으니, 단순히 대단한 것이 아니라 파천황(破天荒)의 사태라 해도 과언은 아니다.

　그러면, 어떻게 해서 귀신의 작용이 도와 같은 것으로 인식되었는가? 귀신은 보아도 보이지 않는다. 오로지 신과 소통할 수 있는 제관이나 무당만이 볼 수 있었다. 귀신의 말은 들으려 해도 들을 수 없다. 역시 제관이나 무당만이 들을 수 있었다. 그것도 제의를 통해서나 가능한 일이었다. 그러나 보아도 보이지 않는 것, 들어도 들리지 않는 것이 변화의 이치나 갖가지 작용의 원리라고 한다면, 어찌 될까? 그때는 굳이 제관이나 무당을 통할 필요가 없고 또 제의도 소용이 없다. 그저 이치를 탐구하려는 공부를 철저하게 또 한결같이 하면 된다.

그러한 공부는 어떻게 할 것인가? 온갖 것들이 귀신의 작용에서 벗어날 수 없었다는 점이 실마리가 된다. 하늘이 만물을 생겨나게 하고 자라게 하며 죽게 하고 다시 생겨나게 하는 조물주라고 한다면, 만물과 온갖 변화들이 조물주가 지배하고 통제하는 원리의 표현이 되는 셈이다. 이를 『중용』에서는 "온갖 것과 한 몸이어서 버릴 수가 없도다!"라고 표현하고 있는 것이다. 만물과 신이 하나이듯이 만물이나 그 변화 또한 그대로 도와 하나다. 따라서 도를 알고 체득하려면 만물을 들여다보고 그 변화를 읽으면 된다. 다만, 보아도 보이지 않고 들어도 들리지 않는 것이 도이기 때문에 쉽사리 알 수가 없고 허투로 다가갈 수가 없다.

도를 알려면, 도를 체득하려면, 그 마음가짐부터 달라야 한다. 배움에 대한 지극함이 전제되어야 한다. 백에 하나, 만에 하나라도 빈틈이 있어서는 안 된다. 깨알처럼 작은 틈이 끝내는 거대한 구멍이 될 수 있는 게 배움과 앎의 세계다. 여기에서는 결코 우연이나 행운을 통한 앎을 기대해서는 안 된다. 오로지 스스로 알고 스스로 실천하고 스스로 쌓아가야 한다. 더 이상 쌓지 않아도 되는 때를 만날 때까지. 이를 두고 순자는 '적(積)'이라 표현하였다.

본바탕은 내가 어찌할 수 없는 것이지만 변화시킬 수 있는 것이다. 쌓음이란 내게 있는 것은 아니지만 할 수 있는 것이다. 마음을 오롯이 하여 제대로 익히는 일이 본바탕을 변화시키는 토대가 되고, 온갖 것을 하나로 아우르면서 흐트러지지 않게 하는 것이 쌓음을 이루게 하는 바탕이 된다. 익히면 뜻을 바꾸게 되고, 그것이 편안하게 오래가면 바탕이 바뀐다. 하나로 아우르면서 흐트러지지 않게 하면 신명에 통하고 천지의 작용과 하나가 된다. 그러므로 흙을 쌓으면 산이 되고 물을 쌓으면 바다가 되며, 아침과 저녁을 쌓으면 한 해가 된다. 지극히 높은 것을 하늘이라 하고, 지극히 낮은 것을 땅이라 하며, 우주 안의 천지사방을 가리켜 육극이라 하고, 길 가는 사람이나 백성들도 착함을 쌓아서 남김없이 다 갖추면 성인이라 한다. 구한 뒤에야 얻게 되고, 행한 뒤에야 이루게 되며, 쌓은 뒤에야 높아지고, 남김없이 다한 뒤에야 거룩해진다. 그러므로 성인이란 사람이 쌓아서 된 존재다. -『순자』「유효(儒效)」

(性也者, 吾所不能爲也, 然而可化也; 積也者, 非吾所有也, 然而可爲也. 注錯習俗, 所以化性也; 幷一而不二, 所以成積也. 習俗移志, 安久ⓒ移質. 幷一而不二, 則通於神明, 參於天地矣. 故積土而爲山, 積水而爲海, 旦暮積謂之歲. 至高謂之天, 至下謂之地, 宇中六指謂之極, 涂之人百姓, 積善而全盡謂之聖人. 彼求之而後得, 爲之而後成, 積之而後高, 盡之而後聖. 故聖人也者, 人之所積也.)

『순자』가 배움을 당부하는 '권학(勸學)'으로 시

작되는 것은 사람이 스스로 노력하면 성인이 될 수 있다는 것을 확고하게 믿은 까닭이다. 그 과정이 바로 '쌓음(積)'이다. 쌓는다고 해서 무작정 무얼 해나가는 것이 아니다. "하나로 아우르면서 흐트러지지 않게" 해야만 제대로 쌓인다. 제대로 쌓기 위해서는 스스로 구하고 쌓아가면서 남김없이 다해야 하는데, 이를 『중용』에서는 "몸을 삼가 깨끗이 하고 의복을 잘 갖추어 입고서 제사를 받드는 것"으로 표현하였다. 일상에서 쌓아가는 일이 어찌하여 제의를 지내는 과정과 같을 수 있는가 하고 반문할 수도 있는데, 그것은 제대로 쌓으면 "신명에 통하고 천지의 작용과 하나가 된다"고 한 말에서 분명하게 드러나 있다. 쌓음이란 곧 지극함을 이르는 것이기 때문이다. 바로 그 지극함이 있으므로 성인이 되는 것이다. 순자가 "성인이란 사람이 쌓아서 된 존재다"고 말한 것도 그 때문이다.

"넘실넘실 위에 있는 듯도 하고 곁에 있는 듯도 하구나!"는 곧 어디에나 귀신이 존재하듯이 도 역시 어디에나 있음을 표현한 구절이다. 있는 듯하다고 좀 불분명하게 말한 것은 보이지 않고 들리지 않기 때문이다. 이어지는 시구 역시 같은 의미를 담고 있다. "신이 오신다"는 것은 참으로 어딘가에서 신이 여기로 온다는 뜻이 아니라, 늘 여기에 있었음을 의미한다. 다만, "헤아릴 수 없기" 때문에 쉽사리 간과할 뿐이다. 도 역시 그와 같다. 늘 여기에 있음에도 내가 알아채지 못하고 있을 뿐이다. 참으로 신이 존재한다면 내가 부정하거나 싫어한다고 해서 그 존재가 사라지지 않듯이, 세상에 도라는 것은 없다고 주장하거나 꺼린다고 해서 도가 없는 것은 아니다.

도가 없음을 입증하기 위해서 패악을 저지르고 무도한 짓을 한다고, 과연 도가 없다는 증거가 될까? 당장에 자기가 한 일의 대가를 치르지 않았다고, 과연 이법이 없는 것일까? 보이지 않고 들리지 않는 은미한 데서 도는 지극하게 한결같이 작용하고 있다. 그러한 작용을 '성(誠)'이라 하였으니, 이는 곧 성(聖)과 같다. "가릴 수 없다"는 말은 아무리 부정해도 또 내가 모른다고 해도 도는 왕성하고 광대한 작용을 쉬지 않고 하고 있음을 뜻한다.

귀신에 대해 거리두기는 이미 공자로부터 시작

되었던 일이다. 제자인 번지가 앎에 대해 여쭈었을 때, 공자는 "백성들이 올바라지도록 힘쓰고, 귀신을 삼가 받들면서 멀리한다면, 안다고 할 수 있다"(務民之義, 敬鬼神而遠之, 可謂知矣. -『논어』「옹야」)고 말하였다. 신의 존재에 대해서는 이성적으로 접근할 수 없음을 은근히 드러낸 것인데, 그렇다고 해서 신을 섬기던 그 마음조차 버리라고 하지는 않았다. 그 마음을 일상으로 가져와서 일을 할 때나 다른 사람들을 대할 때 쓰라고 한 것이다. "백성들이 올바라지도록 힘쓰라"고 한 말은 곧 귀신을 대신해서 백성들을 받들어라는 뜻이다. 맹자가 "백성이 귀하다"고 한 말도 같은 맥락에서 이해할 수 있다. 민심이 천심이라는 말도 바로 이러한 사유의 표현이다.

14장

순 임금의 크낙한 효

子曰: "舜其大孝也與! 德爲聖人, 尊爲天子, 富有
四海之內, 宗廟饗之, 子孫保之. 故大德必得其位,
必得其祿, 必得其名, 必得其壽. 故天之生物, 必因
其材而篤焉. 故栽者培之, 傾者覆之. 詩曰: '嘉樂君
子, 憲憲令德. 宜民宜人, 受祿于天. 保佑命之, 自
天申之.' 故大德者, 必受命."

공자께서 말씀하셨다.

"순 임금, 그는 참으로 효성스럽구나! 덕으로
는 성인이요, 귀함으로는 천자요, 부유함으로
는 사해의 안이 그의 것이니, 종묘에서 그에
게 제사 지내고, 자손들이 이를 지켜 갔도다.
그러므로 크낙한 덕을 지닌 자는 반드시 그
에 걸맞은 자리를 얻고, 반드시 그에 걸맞은
녹봉을 받으며, 반드시 그에 걸맞은 이름을
얻고, 반드시 그에 걸맞은 수명을 누린다. 그
러므로 하늘이 만물을 내심에 반드시 그 재
질에 따라 도탑게 해준다. 그래서 뿌리를 내
리는 것은 북돋아주고, 쓰러지려는 것은 뒤집
어버린다.

시에서 노래하였다.

'기뻐하고 즐거워하는 군자여,

빼어난 덕을 드러내는구나!

백성들과 관리들에게 잘 써

하늘로부터 녹을 받는구나!

그를 지키고 돕고 명하시기를

하늘이 거듭하시도다!'

그러므로 크낙한 덕을 지닌 자는 반드시 천명을 받는다."

注釋　향(饗)은 술과 음식을 올리고 제사를 지내다는 뜻이다. 인(因)은 ~에 따라서라는 뜻으로, 여기서는 ~에 알맞게라는 말맛이 있다. 독(篤)은 도탑게 하다는 뜻이다. 재(栽)는 심다는 뜻이다. 배(培)는 북돋우다는 뜻이다. 경(傾)은 기울다는 뜻이다. 복(覆)은 뒤집다, 넘어뜨리다는 뜻이다. 시는「대아(大雅)」〈가락(假樂)〉편에 나오는 구절이다. 가(嘉)가 『시경』에서는 '가(假)'로 되어 있는데, 기뻐하다는 뜻이다. 헌헌(憲憲)은 환한 모양이나 활기찬 모양이다. 영(令)은 착하다, 아름답다는 뜻이다. 의(宜)는 알맞게 쓰다는 뜻으로, 여기서는

자신의 덕을 잘 펼치는 것을 이른다. 민(民)은 백성들이고, 인(人)은 벼슬아치들 또는 지배층을 가리킨다. 우(佑)는 돕다는 뜻이다. 신(申)은 거듭하다는 뜻이다.

蛇足 순은 도의라는 것을 모르는 아버지 고수, 나쁜 말만 골라서 하는 계모, 그리고 오만방자하기 짝이 없는 동생 상 등을 잘 따르며 섬겼고, 게으름을 부리지 않고 부지런하였다. 그 덕분에 순은 나이 스물에 벌써 지극한 효성으로 소문이 났다. 순의 나이 서른이 되었을 때, 당시 왕이었던 요가 순이 쓸 만한지 물었더니, 사방의 제후들이 한결같이 좋다면서 순을 추천하였다. 이에 요는 두 딸을 순에게 시집보내 그가 집안에서 어떻게 행동하는지 살폈고, 또 아홉 명의 아들을 보내어 순과 함께 살게 하여 밖에서 그가 어떻게 행동하는지도 살폈다. 순은 규예라는 곳에 살면서 집안일을 빈틈없이 처리하였다. 순의 그러한 행실로 말미암아 요의 두 딸도 자신들의 신분을 내세우지 않고 순의 부모와 친척들에게 함부로 하지 않으며 부녀자의 도리를 다하였고, 요의 아홉 아들

들도 모두 이전보다 더 성실하였다. 이윽고 요는 순을 기용하기로 맘을 먹고 여러 일들을 맡겼다. 이에 대해 『사기』〈오제본기〉에서는 다음과 같이 적고 있다.

요는 이를 마음에 들어 하며 순에게 오전(五典, 五常)으로 백성을 교화하게 하였더니, 모두가 이를 따랐다. 다시 백관을 이끌게 하였더니 백관이 제자리를 찾았다. 사방에서 오는 손님을 맞이하는 일을 맡겼더니 손님들을 기쁘게 하였다. 제후들이나 먼 곳에서 온 손님들이 모두 순을 공경하였다. 요는 순에게 산과 하천, 연못에 관한 일을 맡겼다. 폭풍이 몰아치고 천둥 번개가 치는 빗속에서도 순은 방향을 잃지 않았다. 요는 그를 성인으로 여겨 불러서 말하였다.

"그대는 무슨 일을 하든지 있는 힘을 다하였고, 한 말은 모두 성과를 냈다. 그렇게 3년이 되었으니 그대가 제위에 오르도록 하라."

순은 자신의 덕이 충분하지 않다고 사양하며 걱정하였다. 정월 초하루, 순은 문조(文祖, 요의 태조와 그 사당)에서 제위를 이어받았다.

효를 행하면서 순이 쌓은 것이 곧 덕이다. 그리고 그 덕으로 말미암아 요와 천하 사람들로부터 일컬어지면서 천자의 자리를 이어받았다. 어떻게 효를 행하는 일이 천자가 되는 요건이 될 수 있었을까? 위에서처럼 요 임금은 그에게 갖가지 일들을 맡겨서 그 능력을 시험해보고서 제위를 물려줄 결심을 했지만, 도대체 효라는 것이 어떤 것이기에 맡은 일마다 그토록 능숙하게 해냈을까? 효에 대한 오늘날의 일반적인 관념으로는 쉽게 이해되지 않을 수도 있을 것이다. 효는 결코 단순하게 이해될 수 없는 덕목이다. 겉으로는 어버이를 섬기는 일 또는 어버이의 뜻을 따르는 일 정도로 보이지만, 그 이면에는 훨씬 깊고 넓은 지혜의 세계가 깔려 있기 때문이다. 이는 『논어』「위정(爲政)」편을 통해 잘 이해할 수 있다.

공자는 효에 대한 물음을 받았을 때, 상대가 누구냐에 따라 다르게 대답해주었다. 당시 권력자였던 맹의자가 물었을 때는 "어기지 않는 것"(無違)이라고 대답했다. 무엇을 어기지 않는 것이라 했는가? 그것은 예다. 계씨(季氏) 집안과 함께 노

나라 제후의 권력을 나누어 가진 맹손씨(孟孫氏)
의 수장이었으므로 자칫 예법에 어긋나게 행동하
거나 일을 처리하기가 십상이다.『논어』「팔일」편
을 보면, 공자가 계씨를 가리켜, "계씨가 제 뜰에
서 팔일무를 추게 하는데, 이런 짓을 서슴지 않고
한다면 무슨 짓인들 하지 않겠는가?"(八佾舞於庭,
是可忍也, 孰不可忍也?)라고 한 대목이 나오는데, 이
는 당시 강력한 권력을 쥔 대부들이 천자나 제후
의 예를 멋대로 행하였음을 의미한다. 계씨와 다
름 없이 막강한 권력을 휘두르고 있던 맹의자였
으니, 그도 충분히 그럴 수 있는 입장이었다. 그래
서 효에 대해 물었을 때, "어기지 않는 것"이라고
대답해준 것이다.

그런데 맹의자의 아들인 맹무백(孟無伯)이 효
에 대해 물었을 때는 "어버이는 오직 자식이 병
들까 걱정하신다네"(父母唯其疾之憂)라고 대답해
주었고, 또 자유가 물었을 때는 다음과 같이 대
답하였다.

요즘에는 효라는 걸 그저 잘 기르는 거라고 말들
한다. 개나 말도 모두 잘 기른다. 그러니 지극하

65

게 받들지 않는다면, 무엇으로 구별하겠느냐?

― 『논어』「위정」

(今之孝者, 是謂能養. 至於犬馬, 皆能有養. 不敬, 何
以別乎?)

이렇게 효에 대해 각기 다른 대답을 해준 것은 효행의 구체적인 세목이 달리 규정되어 있지 않음을, 효를 행하는 이가 스스로 상황을 판단하여 그에 따라 알맞게 해야 함을 의미한다. '시중(時中)'해야만 참된 효를 행할 수 있다는 뜻이다. 물론 그 마음가짐이야 한결같이 '지극함'(敬)이겠지만, 그 구체적인 표현에서는 고정된 것이 없다. 지극함을 다한다는 것도 사실 쉬운 일이 아니다. 어버이의 마음을 잘 알아야 하고 상황도 잘 파악해야만 하니, 결국 지혜로워야만 참된 효도를 할 수 있는 것이다. 만약 지혜로운 자가 아니라면 아무리 애를 써서 효를 한다고 해도 어버이의 마음을 흐뭇하게 해드리지 못할 것이다.

그렇다고 해서 지혜를 갖추지 못하면 효자가 될 수 없다는 뜻은 아니다. 효를 행하려 한다면, 그 과정에서 지혜를 저절로 터득할 수 있다. 순이 바로 그런 인물이었다. 자신을 죽이려 했던 부모와 동생이 자신을 죽임으로써 패악하다는 악평을 듣지 않도록 하려면 재주껏 피해야만 했다. "집을 떠나버리면 간단하지 않은가?"라고 충고할 수 있겠지만, 그렇게 하는 것도 순으로서는 불효한 짓이라 여겼다. 어버이를 섬겨야 할 책무를 저버리는 것이니 말이다. 어쨌든 집에 머물면서 시시각각 자신을 옥죄는 올가미를 피해야 했다. 그러니 어찌 지혜로워지지 않을 수 있겠는가.

그런데 순의 덕이 과연 어떠하기에 천자의 지위를 얻을 수 있었던가? 이에 대해서는 순자가 말한 바 있어 참고가 된다.

하늘은 뭇사람을 낳으면서 각각의 지위를 얻는 바탕을 다르게 하였다. 뜻을 지극하게 닦고 덕행을 지극히 두터이 하며 지혜가 지극히 밝은 것, 이것이 천자가 천하를 얻는 바탕이다. 정령이 법도에 맞고 일처리가 때에 맞으며 송사(訟事)를 듣고 판단하는 일이 공정하고 위로는 천자의 명을 잘 따르고 아래로는 백성을 제대로 지키는 것, 이것이 제후가 나라와 집안을 얻는 바탕이다. - 『순자』「영욕」

(夫天生蒸民, 有所以取之. 志意致修, 德行致厚, 智慮
致明, 是天子之所以取天下也. 政令法, 擧措時, 聽斷
公, 上則能順天子之命, 下則能保百姓, 是諸候之所以
取國家也.)

　천자가 천하를 얻기 위해서 갖추어야 할 덕과
제후가 나라를 얻기 위해 지녀야 할 덕은 다른 것
이 당연하다. 순은 효를 통해 얻은 덕으로 요에게
발탁되었고, 요는 그에게 갖가지 일을 맡겨 시험
하였다. 이는 앞서 언급한 〈오제본기〉에서 확인
되는 일이다. 그런데 요가 맡긴 일로는 제후가 될
바탕을 엿볼 수 있을 뿐이었다. 그래서 요는 나이
가 들어 순에게 천자의 정치를 대신하게 하고 하
늘의 뜻에 부합하는지도 살폈다. 순은 천문을 관
측하여 별자리를 바로잡는 일에서부터 하늘과 산
천 등의 신들에게 제사 지내는 일, 제후들을 다스
리고 조회를 보는 일, 천하를 시찰하는 일 등을
원만하게 해냈다. 이리하여 그에게 천자의 자질과
능력이 있음이 확실해졌고, 요가 하늘에 추천한
것도 올바른 일이었음이 입증되었다.

이렇게 순이 제위를 물려받을 수 있었던 것은 그가 일상에서 효를 행하면서 "뜻을 지극하게 닦고 덕행을 지극히 두터이 하며 지혜가 지극히 밝아졌기" 때문이다. 순은 크낙한 덕을 지녔으므로 그에 걸맞은 자리를 얻었고, 크낙한 덕을 지녔으므로 천하라는 녹봉을 얻었으며, 그 크낙한 덕으로 널리 일컬어졌고 또 수명을 다 누렸다. 물론 덕 있는 이들이 모두 순처럼 되지는 않는다. 그 덕의 크기가 다르고, 또 시대나 상황이 다르기 때문이다. 그리고 무엇보다도 순은 천자의 자리를 바라고서 그렇게 한 적이 없다는 사실이다.

순은 지위나 녹봉을 바라고 효를 행한 게 아니라 효가 사람의 길이기 때문에 그렇게 했을 뿐이다. 그게 오히려 그에게 천자의 지위를 주는 바탕이 되었지만, 천자의 지위가 그를 바꾸지는 못했다. 그는 여전히 순이었다. 이에 대해 〈오제본기〉에서는 다음과 같이 묘사하고 있다.

순이 제위에 오른 뒤, 수레에 천자의 깃발을 꽂고 아버지 고수에게 인사를 드리러 갔는데, 그 태도가 어찌나 깍듯한지 자식의 도리를 그대로 다하였다. 동생 상은 제후에 봉하였다. 순은 아들 상균(商均)이 인물이 아니라 여겨서 미리 우(禹)를 하늘에 추천하고 17년 뒤에 세상을 떠났다.

순은 아들 상균에게 천자의 지위를 넘겨줄 수 없다고 판단하여 우에게 선양하였다. 이는 요가 자신의 아들 단주(丹朱)를 제쳐두고 순에게 제위를 넘겨준 일과 똑같다. 그렇게 제위를 사사로이 여기지 않았으므로 순은 죽은 뒤에도 아들 상균과 그 후손들의 제사를 받을 수 있었다. 이것이 "자손들이 지켜 갔도다"라는 구절의 뜻이다. 이는 동시에 자손들을 지키는 일이었으면서 천하 백성들을 지키는 일이기도 하였다. 이를 기리면서 공자는 『시경』의 시를 인용하였던 것인데, 그 노랫말은 그대로 순의 덕과 행적을 표현한 것이다.

그런데 앞에서는 "크낙한 덕을 지닌 자는 반드시 그에 걸맞은 자리를 얻는다"고 했고, 말미에서는 "크낙한 덕을 지닌 자는 반드시 천명을 받는다"고 하였는데, 이 둘이 의미하는 바는 무엇인가? 그리고 공자는 왜 크낙한 덕을 지녔음에도 그에 걸맞은 자리를 얻지 못했는가?

"그에 걸맞은 자리를 얻는다"는 말은 반드시 순처럼 천자의 지위를 얻는다는 뜻이 아니다. 원문의 '기'(其)를 "그에 걸맞은"으로 풀이한 대로, 특정한 지위를 전제로 해서 쓴 말로 보아서는 곤란하다. 세상사는 끊임없이 변하고, 상황은 늘 달라진다. 정해진 것은 없다. 만약 어떤 지위를 특정한다고 할 때, 그렇다면 한 시대에 '크낙한 덕'이 있는 인물이 한둘이 아닐 경우에는 어떻게 되는가? 동시에 여럿이 천자가 될 것인가? 크낙한 덕이 무엇인지를 깊이 헤아려야 한다. 그러한 덕을 지닌 사람은 언제 어디서든 이치에 맞게 행동할 뿐이다. 천자의 지위가 주어지면 천자가 되고, 제후의 자리가 주어지면 제후가 되며, 대부의 자리가 주어지면 대부가 된다. 때가 아니어서 물러나야 하면, 그때는 물러난다. 그처럼 나아가고 물러남에 때를 알고 행동하는 이가 바로 크낙한 덕을 갖춘 사람이다. 그러니 그에게 무슨 정해진 것이 있겠는가? 정해진 것이 없음을 아는데, 정해진 자리가 있을 리가 없지 않은가. 바로 그러한 이치를 아는 것, 그것이 바로 "천명을 받는다"는 말 속에 숨어 있다. 1.1에서 이미 말했듯이 '천명'은 더 이상 초월적인 어떤 존재로부터 받는 명령이 아니라 역사를 꿰뚫어봄으로써 터득한 시대적 소명을 뜻한다. 따라서 공자처럼 크낙한 덕을 지닌 이가 천자의 지위를 누리지 못했다고 해서 기이하게 여길 것은 없다. 그는 자기 시대에 걸맞은 삶을 살았고, 그 결과 후대에 위대한 학파의 개조로서 또 스승으로서 추앙을 받고 있다. 이것이 그가 누릴 지위였다고 한다면, 허튼소리일까? 물론 공자 자신은 상상조차 못했겠지만.

15장

천명을 받은 무왕

15.1

子曰: "無憂者, 其惟文王乎! 以王季爲父, 以武王爲
子. 父作之, 子述之.

공자께서 말씀하셨다.
"걱정 없는 자, 오직 문왕뿐이로다! 왕계를 아
비로 두고, 무왕을 아들로 두었으니. 아비는
왕업을 일으키고, 아들은 이어갔도다.

注釋　문왕(文王)은 이름이 창(昌)이며, 서쪽 제
후들의 우두머리라는 뜻으로 서백(西伯)이라고도
불리었다. 상(商) 왕조를 멸망시키고 주(周) 왕조
를 연 아들 무왕(武王)에 의해서 '문왕'으로 추존
되었다. 왕계(王季)는 문왕의 아버지인 계력(季歷)
으로, 공계(公季)로도 불린다. 왕계는 주 왕조의
기틀을 닦은 고공단보(古公亶父)의 막내아들이었
는데, 형들의 양보를 받아 단보를 계승하였다. 무
왕(武王)은 이름이 발(發)이다. 작(作)은 짓다, 일으
키다는 뜻으로, 여기서는 왕업에 대해서 썼다. 술
(述)은 잇다, 좇다는 뜻이다.

蛇足　왜 문왕만이 걱정이 없는 자라고 하였는가? 앞서 나온 순 임금과 견주어보면, 아주 분명해진다. 순이 제위에 오른 것은 요 임금의 판단과 선택에 따른 것이었다. 이른바 요의 선양(禪讓)으로 제위에 올랐다. 요가 그에게 선양하게 된 것은 그의 덕에 말미암은 것인데, 그 덕은 순이 자신을 죽이려던 아버지 고수와 계모에게 효를 다하는 과정에서 쌓은 것이다. 비록 덕을 쌓기는 했지만, 어찌 순이 잠시라도 걱정이 없이 편안했겠는가? 순이 제위에 오른 다음에야 고수는 아들을 해치려는 마음을 접었을 것이다.

순이 비로소 아버지의 마음을 돌리기는 했지만, 아들 복도 없었다. 아들 상균이 아닌 신하인 우(禹)를 하늘에 추천한 것이 그 때문이다. 자식에 대한 애정으로는 아들 상균에게 물려주고 싶었을 것이지만, 제위란 결코 사사로운 자리가 아니기 때문에 천하 백성들을 생각하지 않을 수 없었다. 바로 이것이 순에게는 걱정거리였다. 이렇게 순은 아비와 아들에 대한 걱정이 늘 있었던 반면에, 문왕은 덕이 있는 아비를 두고 왕조를 개창할 아들을 두었으니, 무슨 걱정이 있었겠는가?

　문왕 자신이 주 왕조를 개창하지는 않았지만, 부친인 공계를 이어서 창업의 기틀을 마련하였다. 이에 대해서 『사기』〈주본기〉에서는 이렇게 적고 있다.

　고공단보가 죽고 계력이 뒤를 이었는데, 그가 바로 공계다. 공계는 고공단보가 남긴 길을 잘 닦고 올바른 행동에 힘을 쓰니 제후들이 그를 따랐다.
　공계가 죽고 아들 창이 즉위하니, 그가 바로 서백(西伯)이다. 서백은 문왕이다. 서백은 후직(后稷)과 공유(公劉)의 사업을 잘 따르고 고공단보와 공계의 법도를 본받아 어진 정치에 힘쓰고 노인을 공경하며 젊은이를 아꼈다. 어진 사람에게는 자신을 낮추어 예로써 대하고, 한낮이 되도록 밥 먹을 겨를이 없이 선비들을 접대하니 많은 선비들이 그에게 귀의하였다. 백이와 숙제도 고죽(孤竹)에서 서백이 노인을 잘 모신다는 소문을 듣고는 함께 서백에게로 왔다.

　후직은 주(周)의 시조인 기(棄)이며 훗날 농업의

신으로 추앙받았다. 공유 또한 주의 선조다. 그들의 사업을 잘 이은 이가 바로 서백인 문왕이다. 문왕은 상 왕조의 폭군인 주왕(紂王)의 경계를 풀기 위해서 조용히 선행을 실천하며 제후들의 신뢰를 쌓아갔다. 이를 공자는 "아비는 왕업을 일으키고"라고 표현하였다. 문왕은 그렇게 50년간 왕위에 있으면서 왕업의 기틀을 마련하는 데 애쓰다가 세상을 떠났다. 이어 태자 발이 즉위하였으니, 그가 무왕이다.

〈주본기〉에서는 "무왕이 즉위하여 태공망(太公望)을 군사(軍師)로 삼고, 주공(周公) 단(旦)을 보(輔)로 삼았다. 또 소공(召公)과 필공(畢公) 등에게 왕을 보좌하게 하면서 문왕이 실마리를 연 왕업을 본받고 닦았다"라고 적고 있다. 태공망은 강태공(姜太公)으로 알려진 여상(呂尙)으로, 상 왕조의 주왕을 쳐서 멸망시키고 주 왕조를 일으키는 데 기여한 인물이다. 그 공으로 제나라의 제후가 되었다. 주공은 문왕의 아들이자 무왕의 동생으로, 무왕을 보좌했을 뿐만 아니라 무왕이 죽고 어린 성왕(成王)이 즉위했을 때 섭정하여 왕조의 기반을 다지는 데 공헌하였다. 소공과 필공도 문왕의

아들들이다. 무왕은 이들의 보좌를 받으면서 주
왕을 치고 왕조를 세웠다. 공자가 "아들은 이어갔
도다"라고 한 것이 이를 두고 한 말이다.

15.2

武王, 纘大王·王季·文王之緖, 壹戎衣而有天下, 身不失天下之顯名, 尊爲天子, 富有四海之內, 宗廟饗之, 子孫保之.

무왕은 태왕과 왕계와 문왕이 일으킨 일을 이어서 한 번 갑옷을 입고는 천하를 차지하였고, 그 몸은 천하에 빛나는 명예를 잃지 않았으니, 귀함으로는 천자요, 부유함으로는 사해의 안이 그의 것이니, 종묘에서 그에게 제사지내고, 자손들이 이를 지켜 갔도다.

注釋　찬(纘)은 이어받다는 뜻이다. 태왕(大王)은 고공단보를 추존하여 일컬은 시호인데, 『사기』〈주본기〉에 따르면 문왕이 그렇게 하였다. 서(緖)는 실마리가 되는 일을 뜻한다. 일(壹)은 한 번을 뜻하는데, 여기서는 한 번 입다는 말맛이 있다. 융의(戎衣)는 갑옷을 뜻한다.

蛇足　서백 문왕이 상(商)나라를 정벌하지 못하고 세상을 떠나자, 그 대업은 무왕에게로 넘어갔

다. 무왕은 즉위한 뒤 9년에 군대를 사열하고 맹진(盟津)으로 가서 문왕의 뜻을 받들어 정벌하겠다는 뜻을 피력하고서 군대를 일으켰다. 그때 모인 제후가 800명에 이르렀는데, 상서롭지 못한 징조가 있어 아직 때가 아니라며 군대를 돌렸다. 그로부터 다시 2년 뒤에 상나라 주왕의 포악한 통치가 극에 달하자, 마침내 무왕은 문왕의 유훈(遺訓)을 앞세우고 전차 300대와 군사 3,000명, 갑옷으로 무장한 병사 4만 5,000명을 이끌고 상나라 정벌에 나섰다. 맹진에서 제후들의 군대와 합류한 뒤, 상나라 교외 목야(牧野)에서 상나라의 70만 군사들과 맞섰다. 이때의 상황을 〈주본기〉에서는 다음과 같이 서술하고 있다.

무왕은 군사 상보(尙父, 강태공)에게 100명의 용사로 싸움을 걸게 하는 한편, 주력 부대는 주왕의 군대를 향하여 돌격하게 하였다. 주왕의 군대는 수는 많았지만 하나같이 싸울 마음이 없었다. 무왕이 빨리 공격해 오기를 바라고 있던 터라 주왕의 군사들은 무기를 거꾸로 돌리고 무왕에게 길을 터주었다. 무왕이 돌격하자 주왕의 군대는 모두 무너지고 주왕에게 등을 돌렸다. 주왕은 도망치다가 되돌아와 녹대(鹿臺)에 올라가서 보석으로 치장한 옷을 뒤집어쓴 채 불에 뛰어들어 타 죽었다.

이로써 상나라는 멸망하고 새로이 주 왕조가 일어섰다. 이를 두고 "한 번 갑옷을 입고는 천하를 차지하였다"고 말한 것이다. '천하에 빛나는 명예'는 조상들이 천하 사람들에게 덕을 펴고 신뢰를 얻었던 일을 가리키는데, 마침내 천하를 얻어 천자가 되었으므로 그 명예를 잃지 않았다고 한 것이다.

武王末受命, 周公成文·武之德, 追王大王·王季,
上祀先公以天子之禮, 斯禮也, 達乎諸侯·大夫及
士庶人. 父爲大夫, 子爲士; 葬以大夫, 祭以士. 父爲
士, 子爲大夫; 葬以士, 祭以大夫. 期之喪, 達乎大
夫; 三年之喪, 達乎天子. 父母之喪, 無貴賤一也."

무왕이 늘그막에 천명을 받자, 주공이 문왕과
무왕의 덕을 이루고서 태왕과 왕계를 왕으로
추존하고, 그 윗대 조상들을 모두 천자의 예
로써 제사 지냈으니, 이 예는 제후와 대부, 선
비와 일반 백성에까지 미쳤다. 아비가 대부이
고 자식이 선비이면, 대부의 예로써 장사 지내
고 선비의 예로써 제사 지낸다. 아비가 선비고
자식이 대부이면, 선비의 예로써 장사 지내고
대부의 예로써 제사 지낸다. 일년상은 대부까
지 미치고, 삼년상은 천자까지 미친다. 어버이
를 장사 지내는 일은 신분의 귀천이 없이 모
두 한결같다."

注釋   말(末)은 노(老)와 같으며, 늘그막을 뜻

한다. 추(追)는 사후에 존호(尊號)를 올리는 추존(追尊)을 뜻한다. 사(士)는 주 왕조의 봉건제 아래서 지배층의 말단에 자리하고 있던 계층으로, 여기서는 '선비'라고 풀었다. 대부 이상은 물려받은 영지가 있었던 반면에, 사는 스스로 벼슬하여 녹봉을 받아야만 생활할 수 있었다. 사 계층은 이렇게 상대적으로 불안한 처지에 있었기 때문에 춘추전국시대가 되자 자신들의 역량을 맘껏 발휘하여 역사의 주역으로 등장할 수 있었다. 장(葬)은 주검을 땅에 묻는 일인데, 여기서는 죽음과 관련하여 치르는 일련의 과정을 포함하므로 상례(喪禮)와 같은 뜻으로 쓰이고 있다. 제(祭)는 상례 이후에 계절마다 조상의 혼령을 불러서 지내는 의례다.

蛇足　여기서는 앞서 문왕이 기틀을 다진 일, 이어서 무왕이 상나라를 정벌한 일에 이어서 주공이 주 왕조의 기반을 다진 일에 대해 말하고 있다.

　먼저 무왕이 늘그막에 천명을 받았다고 했는데, 이는 무왕이 상나라를 정벌하고 주나라를 세운 일과 관련해서 한 말이다. 무왕은 문왕을 이어 즉위하였는데, 문왕의 재위 기간이 약 50년이었다. 따라서 그는 노년에 즉위한 셈이 된다. 그리고 즉위 11년에 상나라를 멸망시키고 그로부터 2년 뒤에 세상을 떠났으니, 이를 두고 "늘그막에 천명을 받았다"고 표현한 것이다. 하늘에서 무슨 명을 받은 게 노년이었다는 뜻이 아니다. 상나라 정벌과 주 왕조의 창업에 대한 일종의 합리화요 정당화로서 천명을 거론한 것일 뿐이다.

말했듯이 늘그막에 즉위하였기 때문에 무왕은 왕업의 기반을 미처 다지기도 전에 세상을 떠났다. 그를 이어 태자 송(誦)이 즉위하였는데, 바로 성왕(成王)이다. 그런데 성왕은 어렸다. 무왕이 천명만 늘그막에 받은 게 아니었던 모양이다. 어쨌든 성왕은 어리고 천하는 아직 안정되지 않은 상황이었으므로 주공은 제후들이 배반할까 두려웠다. 그래서 그가 섭정하여 국정을 맡았다. 그러자 상나라 유민들을 감시하던 관숙(管叔)과 채숙(蔡叔) 등 동생들이 주공을 의심하여 상나라 주왕의 아들인 무경(武庚)과 손을 잡고 반란을 일으켰다. 주공은 직접 나서서 무경과 관숙을 죽이고 채숙을 추방하였다. 주공은 섭정한 지 7년 만에 장성

한 성왕에게 정권을 돌려주고 자신은 다시 신하의 자리로 돌아갔다.

주공이 이룬 일 가운데서 가장 높이 일컬어질 만한 것은 아마도 주 왕조의 통치 질서를 공고히 한 일이라 할 것인데, 이에 대해서는 『상서(尙書)』「주서(周書)」의 〈대고(大誥)〉, 〈강고(康誥)〉, 〈주고(酒誥)〉, 〈자재(梓材)〉, 〈소고(召誥)〉, 〈낙고(洛誥)〉, 〈다사(多士)〉, 〈무일(無逸)〉, 〈다방(多方)〉, 〈입정(立政)〉, 〈주관(周官)〉 등을 통해 엿볼 수 있다. 동생 강숙(康叔)을 위(衛)에 봉하면서 발포한 〈강고〉편에서는 일련의 정책 원칙을 강론하면서 모두 문왕과 무왕을 계승한다고 말하였고, 〈주고〉를 통해서는 주나라 사람들이 술독에 빠지는 것을 금지하면서 "사람은 물을 거울로 삼아야 할 것이 아니라 백성을 거울로 삼아야 한다"고 말하였다. 특히 정책이나 제도의 입안 등에 대해서는 〈입정〉과 〈주관〉에 기록되어 있다. 동생들의 의심을 받으면서까지 어린 조카를 대신해 섭정을 하였던 주공은 오로지 주나라를 강력한 왕조로 만드는 일에만 관심을 쏟았고, 실제로 그 일을 해냈다. 그리고 「주서」의 글들에서도 자신이 한 일은 모두 선대의 업을 따르고 이은 것임을 거듭 밝혔다. "문왕과 무왕의 덕을 이루었다"고 한 것은 이를 두고 한 말이다.

삼년상과 상례의 본질

위에서 장례와 제례에 대해 언급한 것은 주 왕조가 예악(禮樂)을 중시했음을 드러낸다. 공자가 주공을 높이 일컬으면서 그를 계승하고자 한 까닭도 여기에 있다.

장례에서는 죽은 이의 작위를 따르고, 제례에서는 산 자의 작위를 따른다. 산 자는 곧 제사를 지내는 사람이다. 왜 장례와 제례에서 따르는 작위가 각기 다른가? 장례는 죽은 자를 중심으로 하기 때문이다. 죽음이라는 생물학적 사건으로 말미암아 장례가 행해지기 때문이다. 반면에 제례는 죽은 이를 추모하는 의미를 갖는데, 추모의 주체가 바로 산 자다. 그래서 산 자의 작위가 중시되는 것이다.

또 일년상과 삼년상에 대해서도 언급되어 있는데, 특히 삼년상은 오래도록 논란거리가 되었다.

『논어』에도 이에 대해 심각하게 주고받은 대화가 기록되어 있다.

재아가 여쭈었다.

"삼년상은 기간이 너무 깁니다. 군자가 3년 동안 예법을 행하지 않으면 예법은 반드시 무너지고, 3년 동안 음악을 하지 않으면 음악은 반드시 어지러워집니다. 묵은 벼가 바닥나고 새 벼가 다 자랐으며, 부싯돌로 불을 바꾸었으니, 1년에 끝내도 됩니다."

스승께서 말씀하셨다.

"저 쌀밥을 먹고 비단옷을 입는 게 너한테는 편안하냐?"

"편안합니다."

"네가 편안하다면, 그렇게 하거라! 저 군자는 상을 입으면 맛난 것을 먹어도 달지 않고 음악을 들어도 즐겁지 않고 집에 있어도 편안하지 않기 때문에 그렇게 하지 않는다. 이제 너는 편안하다면 그렇게 하거라!"

재아가 나가자, 스승께서 말씀하셨다.

"여는 어질지 않구나! 자식이 태어나면 3년이

지나서야 부모의 품에서 벗어난다. 저 삼년상 이란 천하에 두루 쓰이는 상례다. 여도 3년 동 안 어버이로부터 사랑을 받았을 텐데!" -『논어』 「양화(陽貨)」

(宰我問: "三年之喪, 期已久矣. 君子三年不為禮, 禮 必壞; 三年不為樂, 樂必崩. 舊穀既沒, 新穀既升, 鑽 燧改火, 期可已矣." 子曰: "食夫稻, 衣夫錦, 於女安 乎?" 曰: "安." "女安, 則為之! 夫君子之居喪, 食旨不 甘, 聞樂不樂, 居處不安, 故不為也. 今女安, 則為之!" 宰我出. 子曰: "予之不仁也! 子生三年, 然後免於父母 之懷. 夫三年之喪, 天下之通喪也. 予也有三年之愛 於其父母乎!")

삼년상이 너무 길다고 말한 재아의 주장은 꽤 현실적이어서 일리가 있다. 특히 자연의 운행이 1 년을 주기로 한다는 점을 거론한 것은 타당한 논 거다. 그러나 공자가 삼년상을 주장한 것이 그 복 상(服喪) 기간을 중시해서가 아님을 미처 몰랐다. 이미 예악이 무너지고 있던 때, 어버이를 그리워 하고 어버이의 삶을 마음에 두는 일의 가치를 잃 어버린 때에 다시금 삼년상을 강조함으로써 상례와 제례의 본뜻을 일깨워주고자 함을 몰랐다.

사실 왕이 죽었다고 삼년상, 아버지가 죽었다고 삼년상, 아내와 맏아들이 죽었다고 삼년상을 지내고, 백부나 숙부, 형제, 아들들이 죽었다고 일년상을 지낸다면, 도대체 일상의 삶을 영위한다는 것이 불가능해진다. 그럼에도 이처럼 삼년상이나 일년상을 강조하고 중시하는 것은 상례가 예법의 핵심을 담고 있기 때문이다. 『순자』의 「예론(禮論)」편에 이 점이 잘 서술되어 있다.

> 예란 태어남과 죽음을 다스림에 있어 삼가는 일이다. 태어남은 인생의 시작이고, 죽음은 인생의 끝이다. 끝과 시작을 다 좋게 해야만 사람의 길이 제대로 마무리된다. 그러므로 군자는 시작을 지극하게 하고 그 끝을 삼간다. 끝과 시작을 한결같이 하는 것, 이것이 군자의 길이고 예의와 올바름의 무늬다.
> (禮者, 謹於治生死者也. 生, 人之始也; 死, 人之終也. 終始俱善, 人道畢矣. 故君子敬始而愼終. 終始如一, 是君子之道, 禮義之文也.)

　인생이란 시작과 끝이 있으므로 그에 걸맞은 의례도 필요하고 긴요하다는 것이다. 그렇다고 단순히 형식으로서 예법을 갖추자는 것이 아니다. 형식은 얼마든지 바뀔 수 있는 것이고, 상복을 입는 기간 또한 길게 늘이거나 줄일 수도 있다. 순자가 강조한 것은 지극함과 삼가는 마음이었다. 그래서 "예란 길면 자르고 짧으면 이으며 남으면 덜고 모자라면 보태어 애정과 경외의 마음을 두루 드러내어 올바름을 행하는 아름다움을 멋들어지게 이루자는 것이다"(禮者, 斷長續短, 損有餘益不足, 達愛敬之文, 而滋成行義之美者也. ―「예론」)라고 말했던 것이다. 논란이 되던 삼년상에 대해서도 다음과 같이 말하였다.

　삼년상이란 무엇인가? 일어나는 감정에 맞게 형식을 세워서 모듬살이를 꾸미는 것이고, 가까움과 버성김, 귀함과 천함을 알맞게 구별하여 더하지도 덜하지도 않게 하는 것이다. 그러므로 비길 데 없고 바꿀 수도 없는 법도다. 상처가 크면 오래가고, 아픔이 심하면 낫는 게 더디다. 삼년상이란 일어나는 감정에 맞게 형식을 세운 것이니, 지극한 슬픔의 고통 때문이다. - 「예론」

(三年之喪,何也? 曰, 稱情而立文, 因以飾羣, 別親疎
貴踐之節, 而不可益損也. 故曰, 無適不易之術也. 創
巨者其日久, 痛甚者其愈遲. 三年之喪, 稱情而立文,
所以爲至痛極也.)

누구나 감정이 있다. 이는 타고난 것이다. 감정
을 표현하는 일도 마찬가지로 자연스러운 것이
다. 문제는 그 표현을 적절하게 하지 못하는 데
있다. 기쁨이나 즐거움을 과도하게 드러내면서도
슬픔이나 괴로움은 잘 드러내지 못한다. 특히 모
듬살이에서는 자신도 모르게 감정의 표현을 자
제하게 되는데, 이것이 때로 그 사람을 극단적인
데로 내몰기도 한다. 그래서 마련된 장치가 바로
예법이다.

예법이란 속내나 감정을 적절하게 몸으로 표현
하게 한 것이니, 시쳇말로 '공인된 퍼포먼스'라 할
수 있다. 바로 이러한 퍼포먼스가 모듬살이를 더
푸근하게 또 조화롭게 만든다. 그러나 예의의 본질
에 대한 이해가 결여되어서는 한낱 허례허식이 된
다. 공자와 순자가 똑같이 강조한 것도 이것이다.

16장

무왕과 주공의 지극한 효

16.1 ————————————————————————————

子曰: "武王·周公, 其達孝矣乎! 夫孝者, 善繼人之
志, 善述人之事者也. 春秋修其祖廟, 陳其宗器, 設
其裳衣, 薦其時食.

공자께서 말씀하셨다.
"무왕과 주공은 지극한 효자로구나! 대저 효
라는 것은 선조의 뜻을 잘 이어가고, 선조의
일을 잘 따라 행하는 것이다. 봄과 가을에는
조상의 사당을 고치고 조상이 쓰던 그릇들을
벌여놓고 조상의 의복을 펼쳐놓고 제철 음식
을 올린다.

注釋　달(達)은 궁극에 이르다, 곧 지극하다는
뜻이다. 인(人)은 선인(先人)으로, 선조나 조상을
뜻한다. 묘(廟)는 조상의 신주를 모신 곳, 사당을
뜻한다. 진(陳)은 늘여놓다, 벌여놓다는 뜻이다.
종기(宗器)는 조상 때부터 쓰던 제사 그릇을 뜻한
다. 설(設)은 펼치다는 뜻이다. 상의(裳衣)는 조상
이 남긴 의복이다. 천(薦)은 제사 음식을 올리다는
뜻이다. 시식(時食)은 네 계절의 제사 때에 각각

올리는 제철 음식이다.

蛇足   무왕과 주공이 한 일에 대해서는 앞서 다루었다. 그들은 왕업을 이루고 천하를 안정시키는 큰일을 했다. 특히 주공은 예제(禮制)를 마련하여 무왕의 일을 제도적 측면에서 매듭지었다. 이러한 일은 선조들이 남기고 선친인 문왕이 하려 했던 사업을 마무리한 것이므로 효를 다하였다고 보아서 '지극한 효자'라 일컬은 것이다. 효가 단순히 어버이를 섬기는 일에서 그치지 않고, 크게는 조상들의 뜻을 잘 잇고 그들이 남긴 일을 잘 따라 행하는 것임을 알 수 있다.

또 여기서 사당을 고치고 제기를 벌여놓고 음식을 올리며 지내는 제사는 조상들을 기리는 데에만 그 의의가 있지 않다. 이 제사는 천자가 지내는 것이다. 천자의 제사는 그 상징적인 의미가 실로 크다. 특히 주 왕조에서 조상신에게 지내는 제사는 통치 제도와 밀접한 관련이 있다.

앞서 15.3에서는 주공이 윗대 조상들을 모두 천자의 예로써 제사 지냈을 뿐 아니라 그 예를 일반 백성에까지 미치게 했다고 하였다. 이는 예로써 천하를 아우르려 한 것인데, 이른바 종법제(宗法制)라는 것이다. 종법제란 왕과 동성(同姓)의 제후, 제후와 경(卿)·대부(大夫)의 관계를 친소(親疎)를 기준으로 종족 내의 신분을 규정한 것이다. 이 종법제를 바탕으로 왕은 제후에게 일정한 영지를 주어서 나라를 이루어 다스리게 하였는데, 이것이 바로 봉건제(封建制)다. 봉건이란 '봉토건국(封土建國)'을 줄인 말이다. 『사기』〈주본기〉를 보면, 무왕이 상나라를 멸망시킨 뒤에 제후들을 봉한 일에 대해 이렇게 적고 있다.

무왕은 거룩한 선조들을 추모하는 뜻에서 신농(神農)의 후손을 초(焦)에, 황제(黃帝)의 후손을 축(祝)에, 요의 후손을 계(薊)에, 순의 후손을 진(陳)에, 우의 후손을 기(杞)에 각각 포상하여 봉하였다. 이어 공신과 모사(謀士)를 봉하였는데, 군사 상보(尙父, 강태공)가 가장 먼저 봉하여졌다. 군사 상보를 영구(營丘)에 봉하고 제(齊)라 불렀으며, 동생 주공 단을 곡부(曲阜)에 봉하고 노(魯)라 불렀다. 소공 석(奭)은 연(燕)에 봉하였고, 동생 숙선(叔鮮, 관숙)은 관(管)에 봉하였으며, 동생

숙탁(叔度, 채숙)은 채(蔡)에 봉하였다. 나머지도 각각 차례대로 봉하였다.

이 제도 아래에서 제후는 다시 동성의 가신(家臣)에게 영지를 사여(賜與)하여 가문을 이루게 하였으니, 그들이 경·대부다. 이는 기본적으로 혈연적 친소에 따라 권력과 부를 차등적으로 분배한 것으로, 주 왕조가 천하를 효과적으로 통합하고 다스리기 위해 고안한 제도다. 봉건제의 이면에는 모든 토지가 왕의 땅이고 모든 인민이 왕의 신하라는 이념이 자리하고 있다.

주 왕조의 토대였던 종법제와 봉건제는 춘추시대에 들어서 흔들리기 시작하였는데, 공자가 예악을 다시 정립하고자 애썼던 것도 그 때문이다. 그러나 갈수록 심각해지는 예악의 붕괴와 더욱더 빈번해지는 하극상은 그러한 제도가 다시는 회복될 수 없는 것임을 여실하게 보여주었다. 그리하여 마침내 종법제와 봉건제는 전국시대가 되면서 완전히 무너졌다.

16.2

宗廟之禮, 所以序昭穆也. 序爵, 所以辨貴賤也; 序
事, 所以辨賢也. 旅酬, 下爲上, 所以逮賤也. 燕毛,
所以序齒也.

종묘의 예에서는 위패의 차례를 정하는 것
이 바탕이다. 신분으로써 차례를 매기는 것
은 귀함과 천함을 가리기 위함이고, 일로써
차례를 매기는 것은 현명함을 가리기 위함이
다. 제사 말미에 술잔을 돌릴 때 아랫사람이
윗사람이 되는 것은 미천한 사람에게도 미치
도록 하려는 것이다. 제사 뒤의 잔치에서 머
리털 색깔을 따지는 것은 나이의 순서를 정
하기 위해서다.

注釋　　서(序)는 차례를 매기다는 뜻이다. 소목
(昭穆)은 조상의 신주를 사당에 모시는 차례를 뜻
한다. 천자는 7대의 신주를 모시고, 제후는 5대의
신주를 모시며, 대부는 3대의 신주를 모신다. 천
자의 경우, 북쪽에 남향하여 시조를 모시고, 왼쪽
(동쪽)에는 2세 · 4세 · 6세의 신주를 차례로 모시

는데 이를 소라 하고, 오른쪽(서쪽)에 3세·5세·7 세의 신주를 차례로 모시는데 이를 목이라 한다. 작(爵)은 신분의 위계로서, 공(公)·경(卿)·대부 (大夫)·사(士) 등을 가리킨다. 사(事)는 제사 음식 을 올리는 일을 뜻한다. 려(旅)는 여러 사람, 많은 사람을 뜻한다. 수(酬)는 제사 말미에 술잔을 돌 리는 일인데, 흔히 말하는 음복(飮福)이다. 체(逮) 는 미치다, 이르다는 뜻인데, 여기서는 제사에 참 여시키다는 말맛이 있다. 연(燕)은 제사 지낸 뒤의 잔치를 뜻한다. 모(毛)는 머리털의 색깔을 뜻한다. 치(齒)는 나이를 뜻한다.

蛇足 종묘의 예는 천자가 주관하는 제사다. 여 기서는 이 제사가 진행되는 과정을 차례대로 말 하고 있다. 사당에 모시는 신주의 차례를 정하는 소목이 가장 먼저 할 일이다. 이어서 공과 경, 대 부 등을 신분에 따라 차례를 매겨서 제사를 돕게 한다. 앞서 종법제가 봉건제의 토대가 된다고 했 는데, 바로 여기서 그 점을 확인할 수 있다. 천자 가 중심이 되고 제후들과 경·대부들이 천자를 에 워싸고 제사를 지내는 것은 천자가 제후들에게

영지를 하사하고 권력을 분배하여 다스리게 하는 것과 다르지 않다. 공자가 "정치는 덕으로써 하는 것이니, 비유하자면 북극성은 제 자리를 지키고 있는데 뭇별들이 그를 에워싸고 도는 것과 같다"(爲政以德, 譬如北辰居其所而衆星共之. ─「위정」)라고 말한 것도 이러한 맥락에서 이해하면 그 뜻을 쉽게 알 수 있다.

"일로써 차례를 매긴다"는 것은 제사 음식을 올리는 순서를 정한다는 뜻이다. 이는 신분에 따라 하는 것이 아니라 현명함을 판단 기준으로 삼아서 한다. 덕과 지혜를 갖추었을 때 현명하다고 한다. 따라서 신분이 높다고 반드시 현명한 것이 아니고, 신분이 낮아도 현명한 이가 있다. 왜 현명한 이가 제사를 지내는 일에서 중요한지는 『예기』 「제통(祭統)」에서 말한 바 있다.

현자가 제사를 지내면 반드시 합당한 복을 받는다. 그것은 세상사람들이 말하는 복이 아니다. 복이란 갖추어짐이고, 갖추어짐이란 온갖 일들이 순조로운 것을 이른다. 순조롭지 않음이 없는 것을 갖추어짐이라 하니, 이는 안으로 나에게서 남김없이 다하여 밖으로 도를 따르는 것이다. 참된 신하가 그 임금을 섬기고 효자가 그 어버이를 섬기는 일은 그 근본이 하나다. 위로는 귀신을 따르고 밖으로는 임금과 어른을 따르며 안으로는 어버이에게 효도하니, 이와 같이 하는 것을 갖추어짐이라 한다. 오로지 현자라야 갖추어지게 할 수 있으니, 갖추어진 뒤에야 제사를 지낼 수 있다.

(賢者之祭也, 必受其福. 非世所謂福也. 福者, 備也. 備者, 百順之名也. 無所不順者謂之備, 言內盡於己而外順於道也. 忠臣以事其君, 孝子以事其親, 其本一也. 上則順於鬼神, 外則順於君長, 內則以孝於親, 如此之謂備. 唯賢者能備, 能備然後能祭.)

현명한 이로 하여금 제사를 지내게 하는 데에는 또 다른 의미가 숨겨져 있다. 앞서 종법제가 봉건제의 토대가 된다고 했던 것처럼 제사 또한 정치나 통치에 대한 일종의 상징으로 간주된다. 말하자면, 현자를 쓰지 않으면 제사가 원활하게 진행되지 못하고 또 알맞은 복을 받을 수 없는 것처럼 현실 정치에서도 현자를 기용하지 않으면 나랏일이 제대로 돌아가지 않는다는 것이다. 수많은 왕조의 역사를 통해 드러나듯이 현명하지 못한데 신분이 높은 이들이 정치를 도맡아서 하면 그 나라는 혼란에 빠져 간간해진다. 그러므로 반드시 현명한 이를 써야만 나랏일이 원활하게 돌아가서 나라와 백성들이 간간해지는 지경으로 떨어지지 않는다. 그것이 "일로써 차례를 매긴다"는 말에 숨겨진 뜻이다.

이렇게 제사가 진행되어 끝에 이르면, 음복(飮福)을 하게 된다. 오늘날에도 제사의 끝에 하는 음복은 그 기원이 여기에 있다. 이 음복에서는 제사를 지낼 때에 참여하지 못한 이, 즉 제사를 지내는 과정에서 아무런 역할도 하지 못한 이를 먼저 배려한다. 그래서 자칫 느낄 수 있는 소외감을 없애주고, 제례에 참여했다는 영광을 함께 누리도록 해준다. 그까짓 것이 무슨 대수냐고 여길지 모르겠으나, 옛 사람들은 분명히 아주 특별하게 여겼다. 가령, 『사기』를 편찬한 사마천의 부친 사마담(司馬談)은 천자가 태산에 올라 제사를 올리는 봉선(封禪) 의식에 참여하지 못한 일로 화병을 얻어서 그만 쓰러졌다.(『사기』

권130, 〈태사공자서〉) 그만큼 옛사람들에게 제례는 각별한 것이었다. 제례는 매우 특별한 행사로서 의미를 가졌다. 특히 천자가 주관하는 제례는 더욱더 그러하다. 오늘날 4년에 한 번 전 세계인을 축제로 몰아넣는 올림픽이나 월드컵은 고대의 제례와 거의 똑같은 의의를 갖는다. 이 축제의 개막식이나 폐막식에 참석하려고 얼마나 많은 이들이 애쓰는가? 관중석에 앉아서 응원을 하고 환호를 보내는 일조차 대단하게 여기지 않는가. 이는 비록 선수로 뛰지는 못해도 거기에 참석했다는 감흥이 실로 크기 때문이다. 결국 제례의 공간에 있으면서도 제사 과정에서는 아무런 역할을 하지 못하는 이가 있을 수 있으므로 그런 사람에게도 참여의 영광을 누리게 해주려는 뜻에서 "제사 말미에 술잔을 돌릴 때 아랫사람이 윗사람이 되게" 하는 것이다.

그리고 음복을 하나의 상징으로 보자면, 역시 정치와 관련해서 말할 수 있다. 앞서 현자가 제사 지내는 일이 곧 정치에 현자를 기용하는 것을 상징한다고 했듯이, 음복에서 아랫사람을 먼저 배려하는 것은 곧 정치가 백성들에게 은혜를 베푸는 일이어야 함을 은근히 드러낸 것이라 할 수 있다. 실제로 제사가 행해지는 사당은 그대로 국내(國內)를 상징한다고 할 수 있다. 그래서 『예기』「제통」에서도 "제사는 임금의 덕택이 크다는 것을 나타낸다. 이런 까닭에 윗사람에게 크낙한 덕택이 있으면 그 은혜는 반드시 아랫사람(백성)에게 미친다"(祭者, 澤之大者也. 是故, 上有大澤, 則惠必及下.)라고 한 것이다.

제사가 끝난 뒤에는 잔치가 벌어진다. 이 잔치는 제사와 달리 비공식적인 행사이기 때문에 신분이나 현명함으로 차례를 매기지 않는다. 순수하게 나이로써 순서를 따지는데, 그것을 "제사 뒤의 잔치에서 머리털 색깔을 따진다"고 한 것이다. 이는 공적인 일과 사적인 일에서 무엇을 기준으로 행동하고 또 서로 대접해야 하는가 하는 점에서 오늘날에도 음미해볼 만한 내용이다.

소목의 의미와 의의

여기서 소목에 대해 잠시 살펴보자. 소목은 사당에서 조상을 모실 때 그 위패의 차례를 정하는 일이다. 제례에서 이렇게 소목을 두는 까닭에 대해서는 『예기』「제통」에서 말한 바 있다.

> 제사에는 소목이 있는데, 소목이란 아비와 자식, (시간적으로) 먼 사람과 가까운 사람, 나이 많은 이와 어린 사람, (사이가) 가까운 사람과 버성긴 사람 등의 차례를 구별하여 질서를 어지럽히지 않게 하려는 것이다. 이런 까닭에 태묘에서 제사를 지내면 소 계통과 목 계통이 모두 모여서 그 차례를 잃지 않게 되니, 이를 가까움과 버성김의 거리를 줄인다고 한다.
> (夫祭有昭穆. 昭穆者, 所以別父子遠近長幼親疏之序, 而無亂也. 是故, 有事於大廟, 則羣昭羣穆咸在, 而不失其倫. 此之謂親疏之殺也.)

우선은 조상들의 계보를 정리한다는 의미가 강하다는 것을 알 수 있다. 부자, 원근, 장유, 친소 등은 모두 혈연 안에서 따진 것이다. 그런데 이렇게 죽은 조상들의 차례를 매긴다는 것이 일상에서 어떤 의미를 가지는가? 이에 대해서도 『예기』를 참조할 만한데, 「대전(大傳)」에서 다음과 같이 말하였다.

> 위로 할아버지와 아버지가 있으니, 높은 이를 높이는 것이다. 아래로 아들과 손자가 있으니, 가까운 이를 가깝게 하는 것이다. 곁으로는 형제와 종형제의 관계를 바로잡아야 한다. 온 친족이 모여서 식사를 할 때, 소목의 차례를 지키고 예법과 올바름으로써 구별한다면, 사람의 길을 다한 것이다.
> (上治祖禰, 尊尊也. 下治子孫, 親親也. 旁治昆弟. 合族以食, 序以昭繆, 別之以禮義, 人道竭矣.)

사당에서 제사를 지낼 때의 소목은 단순히 조상들의 차례를 매기는 데서 그치는 것이 아니라, 일상에서 친족 관계를 바로잡는 데로 이어짐을 알 수 있다. 옛날에는 대가족이 모여 살거나 한 씨족이 마을을 이루며 살았기 때문에 복잡한 혈연 관계를 바로잡는 일이 매우 중요했다. 그것을 일상에서 만날 때마다 일일이 따지며 바로잡을 수는 없는 일이었으므로 제례라는 공적인 행사를 통해서 한차례 바로잡는 것은 간단하고도 긴요한 일이었다. 따라서 그저 조상을 섬기는 종교적인 의례가 아니라, 일상에서 사람의 길을 다하기 위한 한 방편이었던 것이다.

그런데 이러한 소목이 오늘날에 무슨 소용이 있느냐고 반문하는 이가 있을 것이다. 물론 오늘날에는 옛날과 달리 소가족 단위로 생활하고 또 친족들이 곳곳에 흩어져 살기 때문에 일상에서 서로 만날 일도 드물다. 그러나 이는 혈연관계가 소원해진 것이지, 인간관계가 덜 복잡해진 것을 의미하지 않는다. 혈연으로 따질 수 없는 이들과 어우러져야 한다는 점에서 오히려 더욱 복잡해진 관계망 속에서 산다고 해야 할 것이다. 바로 그 때문에 어디서든 인간관계로 말미암은 괴로움을 호소하고 있다. 왜 괴로운가? 어떻게 처신해야 할지 몰라서다. 왜 모르는가? 나와 상대의 관계를 어떻게 보아야 할지에 대한 최소한의 이해나 판단 기준이 결여되어 있어서다. 평소에 그런 문제를 중요하게 생각하지 않은 탓이다.

혈연관계를 축으로 세운 예법이라도 거기에는 인간관계의 기본적인 원리가 담겨 있다. 그러한 원리를 이해함으로써 일상의 갖가지 관계들을 적실하게 파악하여 적절하게 행동할 수 있다. 예라는 것이 일상에서 알맞게 하는 행동거지를 이른다는 사실을 잊지 않고 있다면, 그저 옛날의 예법이라고 치지도외할 수 없다는 것도 알게 될 것이다.

踐其位, 行其禮, 奏其樂, 敬其所尊, 愛其所親. 事
死如事生, 事亡如事存, 孝之至也.

그 자리에 나아가 그 예를 행하고 그 음악을
연주하며, 조상이 높였던 분에게 지극히 하
고 조상이 가까이하셨던 분을 아낀다. 돌아
가신 분을 마치 살아 계신 듯이 섬기고, 계
시지 않은 분을 마치 앞에 계신 듯이 섬기는
것, 이것이 지극한 효도다.

注釋 천(踐)은 어떤 자리에 오르다, 나아가다
는 뜻이다. 기(其)는 선조 또는 조상을 가리킨다.
주(奏)는 음악을 울리다는 뜻이다. 망(亡)은 무(無)
와 같다.

蛇足 '그 자리'는 선조의 자리, 곧 선조가 제의
를 지내던 자리를 가리킨다. 임금은 예복을 갖추
어 입고 예관(禮冠)을 쓰고서 선조의 자리로 나아
간다. 그런 뒤에 선조들이 행하던 예를 행한다. 술
을 떠서 땅에 뿌리는 행위 따위가 그런 것이다. 음

악도 선조들이 연주하던 것인데, 아래에서 언급되는 체(禘) 제사와 상(嘗) 제사의 경우에는 다음과 같이 음악을 사용했다고 한다.

> 대상과 대체에서는 악사들이 당으로 올라가서는 청묘(淸廟)를 노래하고, 당 아래에서는 피리로 상무(象武)를 연주하며, 무인(舞人)은 붉은 방패와 큰 도끼를 들고 대무(大武)를 추며, 팔일무(八佾舞)로써 대하(大夏)를 춤추니, 이는 천자가 제사에서 쓰는 음악이다. ─『예기』「제통」
>
> (夫大嘗禘, 升歌淸廟, 下而管象, 朱干玉戚以舞大武, 八佾以舞大夏, 此天子之樂也.)

이렇게 제례에서 음악을 연주하는 것은 음악을 통해 제사 지내는 이들의 마음이 선조에게 미치고 신령과도 통한다고 여겼기 때문이다. 여기에서 그치지 않는다. 이렇게 종묘에서 제사 지내면서 연주하는 음악은 정치와 사회의 조화를 이루고자 하는 열망과 의지의 표현이기도 하다. 이에 대해 순자는 「악론(樂論)」에서 다음과 같이 말하였다.

그러므로 음악이 종묘 안에서 연주될 때 임금과 신하, 위와 아래의 사람들이 함께 들으면 서로 어우러지면서 지극해지지 않음이 없게 된다. 집안에서 연주될 때 아비와 자식, 형과 아우 들이 함께 들으면 서로 어우러지면서 가까워지지 않음이 없게 된다. 마을의 회합이나 씨족의 모임에서 연주될 때, 어른들과 젊은이들이 함께 들으면 서로 어우러지면서 따르지 않음이 없게 된다.

(故樂在宗廟之中, 君臣上下同聽之, 則莫不和敬; 閨門之內, 父子兄弟同聽之, 則莫不和親; 鄕里族長之中, 長少同聽之, 則莫不和順.)

가락을 띠어야 음악이다. 높거나 낮은 소리, 강하거나 약한 소리, 길거나 짧은 소리 들이 제각각 자기 자리를 잡고 있으면서 서로 어우러져 나오는 것이 가락이다. 음악의 본령이 어울림일 수밖에 없는 이유가 여기에 있다. 인간사회는 다양한 신분과 지위, 연령 등에서 비롯되는 갖가지 갈등과 대립으로 항상 몸살을 앓고 있는데, 그것은 획일화로써 통일이나 통합을 이루려 하기 때문이다. 획일화는 다양성을 인정하지 않는 전제적인 억압이다. 획일화로는 결코 조화를 이룰 수 없다. 그 점을 음악이 잘 일깨워준다. 공자가 예의와 더불어 음악을 강조한 것은 고대의 성왕들이 남겼기 때문만은 아니다. 그것이 정치적으로나 사회적으로 융화를 이끌어내는 바탕이 되기 때문이다.

일상에서 생각과 말과 행동이 가락을 띠면, 그것이 바로 중용이다.

郊社之禮, 所以事上帝也; 宗廟之禮, 所以祀乎其先
也. 明乎郊社之禮 · 禘嘗之義, 治國其如示諸掌乎!"

하늘에 지내는 제사와 땅에 지내는 제사의 예
는 상제를 섬기는 것이요, 종묘의 예는 그 조
상을 제사 지내는 것이다. 하늘과 땅에 제사
지내는 예와 조상에게 제사 지내고 가을에 제
사 지내는 뜻을 환히 안다면, 나라를 다스리
는 일은 손바닥을 보는 것과 같으리라!"

注釋　　교(郊)는 하늘의 은덕에 보답하는 제사
고, 사(社)는 토지신에게 지내는 제사다. 체(禘)는
봄에 지내는 제사이며, 상(嘗)은 가을에 지내는 제
사다. 저(諸)는 지어(之於)와 같다.

蛇足　　왜 이토록 제사를 중시하는가? 어떻게 제
사의 뜻을 알면 나라를 다스리는 일이 손바닥 뒤
집는 일처럼 쉬워지는 것일까?

제사를 자주 지내려 해서는 안 된다. 자주 지내면

성가시게 되고, 성가시게 되면 지극해지지 않는다. 그렇다고 제사를 띄엄띄엄해서도 안 된다. 띄엄띄엄하면 데면데면해지고, 데면데면해지면 지극함을 잊는다. -『예기』「제의(祭義)」

(祭不欲數, 數則煩, 煩則不敬. 祭不欲疏, 疏則怠, 怠則忘.)

공자 사상의 핵심은 신이 아니라 인간을 삶과 정치의 중심에 놓았다는 데에 있다. 이른바 '인문주의'다. 앎이란 무엇이냐는 물음에 대해 공자가 "백성들이 올바라지도록 힘쓰고, 귀신을 삼가 받들면서 멀리한다면, 안다고 할 수 있다"(『논어』「옹야」)라고 한 말은 그런 인문주의를 단적으로 드러낸 것이다. 그럼에도 왜 제사에 대해 강조하는가? 그것은 제사를 지내는 마음, 즉 '지극한 마음'이 현실 정치에서나 인간 관계에 그대로 적용될 수 있고 또 조화를 이루는 데에 가장 근본이 되기 때문이다. 이에 대해서도 『예기』「제통」에서 자세하게 들려준다.

옛날에 체 제사 때에는 신하에게 작위와 의복

을 내렸으니, 이는 양의 뜻을 따른 것이다. 상 제사 때에는 영지에서 사냥을 하고 형벌을 처리하게 하였으니, 이는 음의 뜻을 따른 것이다. 그러므로 옛 기록에, "상제(嘗祭)를 지내는 날에는 공실(公室)의 곳간을 열어 사람들에게 상을 내린다"고 하였다. 풀을 벨 때가 되면 묵형을 행하는데, 형벌을 처리하라는 명이 내리지 않으면 백성들이 감히 풀을 베지 못했다. 그래서 "체 제사와 상 제사의 뜻은 매우 크다. 그것은 나라를 다스리는 근본이니, 몰라서는 안 된다"고 하는 것이다. 제사의 뜻을 환히 아는 자는 임금이고, 제사를 잘 돕는 자는 신하다. 그 뜻을 환히 알지 못하면 오롯한 임금이 되지 못하고, 그 일을 제대로 돕지 못하면 오롯한 신하가 되지 못한다.

(古者於禘也, 發爵賜服, 順陽義也. 於嘗也, 出田邑, 發秋政, 順陰義也. 故記曰, "嘗之日, 發公室, 示嘗也." 莫艾則墨, 未發秋政, 則民弗敢草也. 故曰"禘嘗之義大矣, 治國之本也, 不可不知也." 明其義者, 君也, 能其事者, 臣也. 不明其義, 君人不全. 不能其事, 爲臣不全.)

제사는 천지의 운행에 맞게 지낸다. 체 제사는 봄에, 상 제사는 가을에 지내는데, 이는 자연의 법칙을 따른 것이다. 양의 뜻을 따른다거나 음의 뜻을 따른다고 한 말이 그것이다. 이는 농사를 짓는 일과 긴밀한 관계가 있다. 뿐만 아니라, 계절에 따라 형벌을 처리하는 것도 달랐다. 봄에는 비교적 가벼운 형벌을 처리했고, 가을에는 무거운 형벌을 처리했다. 가을은 차가워지는 계절이니, 엄정하게 형법을 적용할 시기로 여겨졌던 것이다. 또 가을걷이를 한 뒤에는 사냥을 통한 군사훈련을 하였다. 이 모두 계절의 변화와 관련이 있다.

일상의 작은 변화에 견주면, 계절의 변화는 큰 단위에서 이루어지는 것이다. 그러나 변화에 따라 해야 할 일이 있고, 그 일을 알맞게 처리해야 한다는 점에서는 다르지 않다. 결국 일상에서 해야 할 중용을 나라를 다스리는 데서도 역시 해야 한다는 것을 제사를 통해 일깨워주고 있는 셈이다. 제사를 하늘에 지내든 땅에 지내든, 조상에게 지내든, 제사에는 인간이 살아가면서 벗어날 수 없는 '길' 즉 다스림의 법칙, 어울림의 이치가 담겨 있기 때문에 결국 제사의 예와 뜻을 환히 알면 나라나 천하를 다스릴 수 있다고 한 것이다.

17장

정치는 사람을 얻는 데 달렸다

哀公問政.

子曰: "文武之政, 布在方策. 其人存, 則其政擧; 其人亡, 則其政息." 人道敏政, 地道敏樹. 夫政也者, 蒲盧也.

애공이 정치에 대해 물었다. 공자가 대답하였다.

"문왕과 무왕의 정치에 대해서는 목판과 대쪽에 잘 씌어져 있습니다. 그 사람이 있으면 그 정치가 행해지고, 그 사람이 없으면 그 정치는 그칩니다."

사람의 길은 정치를 북돋아주고, 땅의 길은 나무를 북돋아준다. 대저 정치란 갈대와 같다.

注釋 포(布)는 펴다, 벌이다는 뜻으로, 여기서는 글이 쓰인 것을 가리킨다. 방(方)은 목판을 뜻하고, 책(策)은 대쪽을 뜻한다. 둘 다 고대에 글씨를 쓰던 재료다. 기인(其人)은 현자를 가리킨다. 거(擧)는 실행하다, 실행되다는 뜻이다. 민(敏)은 힘쓰다는 뜻으로, 여기서는 북돋다는 말맛이 있

다. 포로(蒲盧)는 포로(蒲蘆)와 같으며, 흔히 갈대를 뜻하는 포위(蒲葦)로 풀이한다.

蛇足　공자는 애공이 정치란 어떤 것이냐고 묻자, 문왕과 무왕을 대뜸 거론하였다. 그리고 그들의 정치는 기록으로 전한다고 하면서 자세한 것은 기록을 참조하라고 하였다. 그러면서 그 기록을 통해 엿볼 수 있는 정치의 요체가 무엇인지 간결하게 표현하였으니, 바로 "그 사람이 있으면 그 정치가 행해지고, 그 사람이 없으면 그 정치는 그칩니다"라는 것이었다. 이는 결국 사람을 잘 쓰는 것이 정치의 요체라는 말이다.

『논어』에도 애공이 공자와 문답을 나눈 게 있다.

　　애공이 물었다.
　　"어떻게 해야 백성들이 따릅니까?"
　　공 스승께서 대답하셨다.
　　"곧은 자를 들어 굽은 자 위에 두면 백성들은 따르오. 허나 굽은 자를 들어 곧은 자 위에 두면 백성들은 따르지 않소." －『논어』「위정」

121

(哀公問曰: "何爲則民服?" 孔子對曰: "擧直錯諸枉, 則
民服; 擧枉錯諸直, 則民不服.")

애공이 공자에게 물은 속뜻은 손쉽게 백성들이 자신의 명령을 따르도록 할 방도가 있느냐는 것이었다. 그런데 공자는 사람 쓰는 일을 말해주었다. 곧은 자와 굽은 자를 어떻게 쓰느냐는 것이 관건이라고 했는데, 이는 애공 자신이 사사로움을 버리고 지혜로워야 한다는 뜻으로 말한 것이다. 사사로움이 있는 사람은 자신과 얼마나 가까우냐로 남을 판단할 뿐, 지혜나 덕으로써 판단하지 않는다. 그래서 사람을 잘 쓰려고 하지만, 결국은 굽은 자를 써서 일을 그르친다.

정치에서 사람을 중요하게 여기는 것은 유가 학파의 특성이다. 법가에서는 사람의 자질이나 현우(賢愚)가 한결같을 수 없으므로 오로지 법과 형벌로 다스려야 한다고 주장한다. 그런데 법가의 주장 또한 간과한 것이 있다. 바로 법을 시행하고 형벌을 행하는 것도 사람에게 달려 있다는 사실 말이다. 또 법가에서는 시세의 변화에 따라 법을 고치고 형벌도 변화시켜야 한다고 주장하는데, 그 일은 대체 누가 하는가? 역시 사람이다. 아무리 제도가 정교하고 법과 형벌이 치밀하다고 하더라도 그것을 만들고 시행하는 것은 결국 사람의 몫이다. 그러니 정치에서 사람을 빼고 무엇을 말할 수 있겠는가? 그 점에서 유가는 그 소박한 이치를 바탕으로 정치를 해나가야 한다고 주장한다.

공자가 말한 곧은 자는 현자를 가리킨다. 공자가 현자를 말한 것은 그 존재 자체가 하나의 본보기가 될 수 있기 때문이다. 현자를 쓰면 사람들을 감화시키는 언행을 보여주므로 굳이 법이나 형벌을 통해 강제할 필요가 없다. 그런 현자의 언행이 어떠한지에 대해서는 『순자』「애공(哀公)」편에 자세하게 나와 있다. 『순자』에서 이 편은 순자 자신이 직접 쓴 것이 아니라 그의 사후에 덧붙여진 것으로 간주되기도 하지만, 그래도 참조할 만하다.

애공이 물었다. "좋소! 어떠한 사람이라야 현인이라 할 수 있겠소?"
공자가 대답하였다. "이른바 현인이란, 행동은 그림자나 먹줄처럼 알맞으면서도 본바탕을 다치지 않게 하고, 말은 천하에 본보기가 되기에 넉넉하

123

면서 제 몸을 다치지 않게 하며, 가멸져서 천하를 가진다 해도 재물을 쌓아두지 않고, 천하 사람들에게 두루 베풀면서 가난해질까 걱정하지 않는 사람입니다. 이와 같다면 현인이라 할 만합니다."
(哀公曰: "善! 敢問何如斯可謂賢人矣?" 孔子對曰: "所謂賢人者, 行中規繩而不傷於本, 言足法於天下而不傷於身, 富有天下而無怨財, 布施天下而不病貧. 如此則可謂賢人矣.")

행동은 법도에 어긋나지 않고, 해야 할 때 할 말을 알맞게 하며, 재물은 남들과 함께 쓰려는 사람, 이런 사람에게는 사사로움이 없다. 사사로움이 없으므로 백성들을 다스리는 일에 적임자다. 제 뱃속을 채우려는 자는 부모나 처자식도 돌보지 않으려 할 터인데, 어찌 백성들을 다스리랴.

이 『중용』에서는 줄곧 군자의 길에 대해 이야기하고 있는데, 현자는 군자의 길을 가면서 무르익힌 사람이라 할 수 있다. 현자가 있으면 정치가 행해진다는 것은 그가 이미 군자의 길, 사람의 길을 깊이 체득했기 때문이다. 그래서 현자의 정치는 그대로 백성들을 살리는 일이 된다. 이를 땅이 초목을 북돋아주는 것과 같다고 해서 "사람의 길은 정치를 북돋운다"고 말한 것이다. 우리말에 "새우젓은 곰삭아야 제맛이 난다"고 했는데, 현자는 바로 군자의 길을 제 몸으로 곰삭힌 사람이다.

그런데 "정치는 갈대와 같다"는 표현은 무엇인가? 갈대는 습지나 물가에서 쉽게 자라는 식물이다. 그렇듯이 정치라는 것도 현자를 쓰면 습지나 물가에서 갈대가 쉽게 자라듯이 백성들을 위한 정치가 쉽게 행해진다는 뜻이다. 백성이 갈대라면, 현자의 정치는 습지나 물가와 같다는 말이다.

故爲政在人, 取人以身, 修身以道, 修道以仁. 仁者,
人也, 親親爲大; 義者, 宜也, 尊賢爲大. 親親之殺,
尊賢之等, 禮所生也.【在下位, 不獲乎上, 民不可
得而治矣.】

그러므로 정치를 함은 사람을 얻는 데 달렸
으니, 제 몸을 가지고 사람을 얻고, 길을 따라
서 몸을 닦으며, 어짊으로써 길을 닦는다. 어
짊이란 사람이니, 가까운 이를 가까이하는 것
이 가장 큰 일이다. 올바름이란 마땅함이니,
현명한 이를 높이는 것이 가장 큰 일이다. 가
까운 이를 가까이하는 일은 줄이고 현명한
이를 높이는 일은 (가까운 이를 가까이하는
것과) 가지런하게 하는 데서 예의가 생긴다.
【아랫자리에 있으면서 윗사람에게 믿음을 얻
지 못하면 백성들을 다스릴 수 없다.】

注釋 재(在)는 얻다는 뜻으로 쓰였으며, 뒤의
취(取)와 같다. 이신(以身), 이도(以道), 이인(以仁)
등의 이(以)는 근거나 잣대, 방편을 뜻한다. 쇄(殺)

는 덜다, 줄이다는 뜻이다. 등(等)은 가지런히 하다는 뜻으로, 여기서는 앞에 나오는 '친친(親親)'에 견주어서 해석해야 한다. 즉, 올바른 정치를 펴기 위해서는 현명한 이를 피붙이를 가까이하는 것처럼 가까이해서 높여야 한다는 뜻이다. 【 】안의 구절은 22.2에도 나오는데, 여기에 있는 것은 적절하지 못하다.

蛇足　이 글의 주체는 군주다. 나라나 천하를 맡은 군주로서 올바른 정치를 해나가기 위해서는 먼저 무엇을 해야 하는지에 대해 자세하게 언급하고 있다.

어른들이 자기 자식에게 흔히 하는 말에 "좋은 친구를 사귀어라"는 게 있다. 그런데 얼핏 들으면 이치에 닿는 말 같지만, 곱씹어보면 전혀 그렇지 않다. 유유상종(類類相從)이라는 말처럼 사람들은 서로 비슷한 부류끼리 모이거나 사귀는 법이다. 나와 같지 않은 사람을 사귀는 일은 매우 드물다. 있더라도 잠깐이다. 그렇다면, 내가 좋은 사람이 아니면 좋은 친구를 얻을 수 없는 것이 아닌가. 내가 이미 좋은 친구라면 굳이 애쓰지 않아도 좋은 친구를 사귀게 된다. 이는 자연스런 일이다. 만약 나 자신이 좋지 못하다면, 어떻게 좋은 친구를 얻을 수 있겠는가. 아니, 좋은 친구는 어디 눈이 멀어서 좋지 못한 나를 사귄다는 말인가? 그러니 "좋은 친구를 사귀어라"고 할 게 아니라, "네가 좋은 친구가 되어라"고 가르쳐야 하지 않을까? 정치에서도 마찬가지다.

"제 몸으로써 사람을 얻는다"는 말은 군주 자신이 바로 사람들의 마음을 얻는 기준이 되어야 한다는 것이다. 어떤 군주든지 현명한 사람을 얻고 싶어한다. 그러나 얻고 싶어한다고 해서 얻어지는 건 아니다. 현명한 사람은 어진 군주를 가까이한다. 어진 군주라야 자신을 써줄 것을 알기 때문이다. 어질지 못한 군주가 있으면, 결코 나서지 않는다. 어질지 못한 군주가 권력으로 현자를 부른다면, 그를 억지로 끌고 갈 수는 있어도 그의 마음을 얻지는 못한다. 공자가 말하지 않았던가, "삼군에서 그 장수를 빼앗을 수는 있다. 그러나 하찮은 사내라도 그 뜻을 빼앗을 수는 없다"(三軍可奪帥也. 匹夫不可奪志也. ─『논어』「자한(子罕)」)고. 하찮은 사내의 뜻도 함부로 할 수 없는데, 하물며 현자의 뜻을 어떻게 굽힐 수 있겠는가. 결국 군주가 먼저 자신을 바로잡고 바로 세워야만 현명한 사람을 얻어서 올바른 정치를 두루 행할 수 있다는 말이다.

> 성인은 어찌하여 속지 않는가? 말하기를, "성인은 자신을 헤아림의 기준으로 삼기 때문이다"라고 한다. 그러므로 사람으로써 사람을 헤아리고, 실정으로써 실정을 헤아리며, 같은 부류로써 부류를 헤아리고, 설득력으로써 성금을 헤아리며, 도로써 남김없이 다 살피니, 이는 예나 이제나 하나다. – 『순자』「비상(非相)」
>
> (聖人何以不欺? 曰: "聖人者, 以己度者也." 故以人度人, 以情度情, 以類度類, 以說度功, 以道觀盡, 古今一度也.)

현명한 이를 신하로 두려는 군주라면 역시 성인을 자신의 본보기로 삼아야 한다. 『중용』에서 거듭 언급했던 순 임금이나 문왕과 무왕, 주공 등이 바로 그런 본보기다. 그들이 어떻게 해서 후세에도 일컬어졌는가는 이미 자세하게 이야기하였는데, 그것을 순자는 위와 같이 간략하게 정리하였다.

성인은 무릇 모든 판단의 기준을 자신으로 삼는다. 자신이 모든 사람의 시작이고 출발점이기 때문이다. 그로부터 사람을 헤아리고, 온갖 사물들의 실정을 헤아리며, 갖가지 부류들을 헤아리므로 이윽고 그 말을 들으면 그가 이룬 일을 헤아릴 수 있다. 그러나 이렇게 헤아린 것이 어긋나지 않고 적실하기 위해서는 "도로써 남김없이 다 살펴야" 한다. 궁극적으로는 도가 기준이 되고, 그렇기 때문에 흔들림이 없고 속는 일도 없는 것이다. 이를 『중용』에서는 "길을 따라서 몸을 닦는다"고 하였다.

그렇다면, 길은 어떻게 알 수 있는가? 길을 알고 가지는 않는다. 다만, 그 길이 사람으로부터 멀리 있지 않음을 안다. 바로 사람 안에서 길을 찾을 수 있고 또 찾아야 한다. 그래서 어짊을 말했고, 그 어짊은 곧 사람이라고 하였다. 물론 사람에는 다양한 부류가 있다. 그 가운데서도 먼저 가까운 사람들을 가까이할 줄 아는 것이 가장 긴요하고 또 큰일이다.

가까운 이를 가까이하는 것이 큰일인 이유는 피붙이들을 먼저 아끼고 헤아리는 일이 자연스러운 일이기는 하지만, 가깝기 때문에 지극하게 대하는 것이 또한 어려운 일이기 때문이다. 무엇보다도 군주의 입장에서는 가깝다고 해서 무턱대고 중요한 자리에 기용할 수도 없고, 또 무조건 정치에서 배제하려다가는 도리어 원망을 사거나 분란을 조장할 수도 있다. 어짊이 사람을 아끼는 일이고 가까운 사람을 아끼는 데서부터 출발하지만, 그것만으로는 한계가 있다. 그래서 올바름을 내세운 것이다. 어짊이 자연스런 감정에 기초한 것이라면, 올바름은 냉철한 이성에 바탕을 둔 판단이어서 서로 보완된다.

이런 어진 마음과 올바른 판단을 아울러 지니고 천하를 다스렸던 이가 바로 요와 순이다. 요가 순을 기용하여 일찌감치 자신을 대신하게 했던 것은 아들이 없어서가 아니었다. 아들보다 순이 더 현명하다는 것을 알았기 때문이다. 그리하여 요는 자신의 아들 단주(丹朱)를 제쳐두고 순에게 제위를 선양하였다. 순 또한 마찬가지였다. 그도 자신의 아들 상균(商均)이 모자라다고 여겨서

우에게 제위를 넘겨주었다. 이렇게 하여 천하가 계속 태평할 수 있었다. 요와 순은 어질면서 올발랐고 올바르면서 어질었으니, 이것이 바로 참된 어짊이다. 맹자는 이런 어짊에 대해 다음과 같이 말하였다.

> 요는 순을 얻지 못하는 것이 자신의 걱정이었고, 순은 우와 고요를 얻지 못하는 것이 자기 걱정이었는데, 100무의 밭을 다스리지 못하는 것이 걱정인 자는 농부다. 재물을 남에게 나누어주는 것을 은혜라 하고, 착함을 남에게 가르치는 것을 참된 마음이라 하며, 천하를 위해 사람을 얻는 것을 어짊이라 한다. 이런 까닭에 천하를 남에게 주는 것은 쉬우나, 천하를 위해 사람을 얻는 것은 어렵다. ─『맹자』「등문공상」
> (堯以不得舜爲己憂, 舜以不得禹皐陶爲己憂, 夫以百畝之不易爲己憂者, 農夫也. 分人以財謂之惠, 敎人以善謂之忠, 爲天下得人者謂之仁. 是故以天下與人易, 爲天下得人難.)

가까운 이를 지나치게 가까이하면 작게는 둘

132

사이에 파탄이 생기고 크게는 정치를 그르칠 수 있다. 또 현명한 이가 있음을 알아도 피붙이가 아니라면 가까이하는 일이 썩 내키지 않아서 높이 받들어 쓰지 못하여 정치를 어렵게 하거나 천하를 어지럽히기도 한다. 따라서 가까운 이라도 알맞게 거리를 둘 필요가 있고, 올바른 판단으로써 현명한 이를 높여 천하를 위한 정치에 모자람이 없게 할 수 있어야 한다. 이렇게 지나침도 없고 모자람도 없도록 하는 것, 이것이 바로 예의다. 그래서 이를 두고 "가까운 이를 가까이하는 일은 줄이고 현명한 이를 높이는 일은 (가까운 이를 가까이하는 것과) 가지런하게 하는 데서 예의가 생긴다"고 하였다.

이렇게 『중용』에서는 예의가 생긴 까닭을 정치적인 관점에서 이야기하면서 감정과 이성의 조율이 필요했기 때문이라 하였는데, 순자는 심리적으로 해석하면서 인간의 본래적인 욕구나 욕망을 잡도리할 필요에서 예의가 비롯되었다고 해석하였다.

예의란 어디에서 일어났는가? 사람은 나면서부

터 바라는 것이 있는데, 바라면서도 얻지 못하면 구하지 않을 수 없고, 구하면서 일정한 기준이나 한계가 없으면 다투지 않을 수 없다. 다투면 어지러워지고, 어지러워지면 막다른 데 이른다. 선왕들은 그런 어지러움을 싫어하였기 때문에 예의와 올바른 기준을 세워서 잘 나누었으니, 이로써 사람들의 바람을 알맞게 길러주고 사람들이 구하는 것을 대주어서 그 바람이 결코 물건에서 막히지 않고 또 물건이 그 바람 때문에 다하지 않도록 하여 그 둘이 서로 잘 받쳐주며 자라도록 하였다. 이것이 예의가 일어난 이유다. -『순자』「예론(禮論)」

(禮起於何也? 曰: 人生而有欲, 欲而不得, 則不能無求; 求而無度量分界, 則不能不爭. 爭則亂, 亂則窮. 先王惡其亂也, 故制禮義以分之, 以養人之欲, 給人之求, 使欲必不窮乎物, 物必不屈於欲, 兩者相持而長. 是禮之所起也.)

故君子不可以不修身. 思修身, 不可以不事親; 思
事親, 不可以不知人; 思知人, 不可以不知天.

그러므로 군자라면 몸을 닦지 않을 수 없다.
몸을 닦기로 하면, 어버이를 섬기지 않을 수
없다. 어버이를 섬기려 하면, 사람을 알지 않
을 수 없다. 사람을 알려고 하면, 하늘을 알지
않을 수 없다.

蛇足　앞서 군주의 입장에서 제 몸을 닦는 일
에 대해 이야기하였는데, 군주가 제 몸을 닦으면
서 현명한 이를 높이고 쓴다면 당연히 천하의 선
비들은 현명해지려고 애쓸 것이다. 그래서 맹자
도 "현명한 이를 높이고 능력 있는 자를 부려서
빼어난 자들이 벼슬자리에 있으면 천하의 선비
들이 모두 기뻐하며 그 조정에 서려고 할 것이다"
(尊賢使能, 俊傑在位, 則天下之士皆悅, 而願立於其朝矣.
-『맹자』「공손추상」)라고 말하였다. 여기서 군자
가 몸을 닦는 일에 대해서 말하고 있는 것도 그
러한 맥락에서 이해할 수 있다.

그런데 몸을 닦는 일에서 하늘을 아는 것까지 순차적으로 언급하기는 했지만, 이를 하나의 과정으로 여겨서는 안 된다. 어버이를 섬기는 일은 몸을 닦는 일에 힘쓰다 보면 절로 행하게 된다. 제 몸을 닦다가 자연스럽게 자신의 존재에 대해 눈을 돌리기 때문이다. 이른바 출생의 비밀에 눈을 뜨게 되면서 어버이로 말미암아 내가 태어나고 자랐다는 그 사실을 깊이 느끼고 동시에 어버이에 대한 사랑과 존경이 한없이 깊어지는 것이다. 그리고 이와 동시에 어버이 또한 다양하고 복잡한 인간관계의 그물망 속에서 존재하고 있음을 깨닫게 된다. 말하자면, 어버이는 나와 생물학적인 관계로만 이어져 있는 것이 아니라 정치적으로나 사회적으로도 미묘하게 이어져 있음을 알게 되는 것이다. 그리하여 사람에 대해서도 차츰차츰 알게 되는데, 사람에 대해 아는 것이 곧 어버이에 대한 섬김을 더욱 도탑게 해주는 구실을 하기도 한다. 또 사람을 알면 알수록 하늘에 대해서도 더욱 깊이 알게 되는데, 이때의 하늘은 만물의 생장과 소멸의 원리이며 이법이다. 말하자면, 만물 자체에 내재한 이치라 할 수 있다. 그렇기 때문에 몸을 닦는 일이 궁극적으로 하늘을 아는 데에 이르게 되는 것이다.

『중용』 첫머리에서 "하늘이 내려준 것을 본바탕이라 하고, 본바탕을 따르는 것을 길이라 한다"고 했다. 그리고 그 길은 어디에나 존재하며 사람이 결코 떠날 수 없는 것이라 했다. 그래서 몸을 닦는 일에서도 길에서 벗어나지 못하고, 어버이를 섬기는 일에서도 길에서 벗어나지 못하며, 사람을 아는 일에서도 길에서 벗어나지 못하므로 자연스럽게 이치로서의 하늘에 대해서도 알게 되는 것이다.

결국 몸을 닦는 수신(修身)에서 하늘을 아는 지천(知天)까지 그 모든 행위는 길을 통해 이어져 있으면서 수신에서 지천까지가 하나의 흐름이나 과정이 아니라 동시적인 것임을 말하고 있다. 수신과 동시에 사친(事親)하고, 사친함과 동시에 지인(知人)하며, 지인함과 동시에 지천하며, 지천함과 동시에 수신이 되는 것이다. 이러한 피드백을 계속함으로써 군자는 차츰차츰 성인의 경지에 다가간다. 전인적(全人的) 차원에서 성인을 말한다면, 군자가 이러한 피드백을 거쳐야 함도 당연하다.

18장

이르러야 할 길과
갖추어야 할 덕

18.1

天下之達道五, 所以行之者三. 曰, 君臣也, 父子也, 夫婦也, 昆弟也, 朋友之交也. 五者, 天下之達道也. 知仁勇三者, 天下之達德也. 所以行之者一也.

세상에서 이르러야 할 길이 다섯이며, 그 길을 가면서 갖추어야 할 것이 셋이다. 말하자면, 임금과 신하, 아비와 자식, 지아비와 지어미, 형과 아우, 벗끼리의 사귐이다. 이 다섯은 세상에서 이르러야 할 길이다. 앎과 어짊과 용기, 이 셋은 세상에서 갖추어야 할 덕이다. 길을 가고 덕을 행하게 하는 바탕은 하나다."

注釋　달(達)은 시간과 공간에 구애되지 않고 늘 이르러야 하는 것, 즉 늘 해야만 하는 것을 뜻한다. 곤(昆)은 형(兄)과 같다. 소이(所以)는 바탕, 근거를 뜻한다. 행지(行之)의 지(之)는 앞의 달도(達道)와 달덕(達德)을 아울러 가리키는 것이다.

蛇足　앞서 17장에서는 정치에 있어 사람을 얻는 일에 대해 말하였다. 사람을 얻기 위해서는 먼

저 제 몸을 닦아야 한다고도 하였다. 여기서는 몸을 닦는 과정에서 가장 중시해야 할 기본적인 인간관계 다섯 가지를 열거하고, 그 다섯 가지 관계를 원만하게 유지하는 데 있어 가장 긴요한 세 가지 덕목에 대해 말하고 있다.

군신에서 붕우지교까지 다섯 가지 관계에 대해서는 이미 맹자도 말한 적이 있다.

> 사람에게는 가야 할 길이 있으니, 배불리 먹고 따뜻하게 입으며 편안하게 살면서 가르침을 받지 못하면 짐승과 가까워진다. 성인은 이를 걱정하여 설(契)을 사도(司徒)로 삼아서 모듬살이에서 지켜야 할 도리[人倫]를 가르쳤으니, 아비와 자식 사이에는 가까움이 있고, 임금과 신하 사이에는 올바름이 있고, 지아비와 지어미 사이에는 다름이 있고, 어른과 아이 사이에는 차례가 있고, 벗들 사이에는 미쁨이 있다. - 『맹자』「등문공상」
>
> (人之有道也, 飽食煖衣, 逸居而無教, 則近於禽獸. 聖人有憂之, 使契爲司徒, 教以人倫, 父子有親, 君臣有義, 夫婦有別, 長幼有序, 朋友有信.)

『중용』에서는 "세상에서 이르러야 할 길"이라고 한 것을 맹자는 "사람에게는 가야 할 길이 있다"고 표현하고 있다. 둘 다 길을 "모듬살이에서 지켜야 할 도리"라는 뜻으로 쓰고 있으므로 서로 다르지 않고, 세부적으로 다섯 가지를 든 것도 같다. 다만, 맹자는 각각의 관계마다 그에 해당하는 덕목을 언급하였는데, 이것이 『중용』과 다르다.

맹자는 가까움과 올바름, 다름, 차례, 미쁨 다섯 가지를 들었다. 맹자가 든 다섯 가지 가운데서 『중용』의 앎에 해당하는 것은 올바름이고 어짊에 해당하는 것은 가까움이라 할 수 있으나, 용기에 해당하는 것은 따로 없다. 이는 맹자가 각 관계에서 중시되는 점을 언급한 데 비해서 『중용』에서는 각각의 관계에서 중시되는 것보다는 다섯 가지 이르러야 할 길에서 공통적으로 긴요한 덕목을 제시하려고 했기 때문이다.

앎이 없으면 세상에서 이르러야 할 길이 무엇인지를 알 수 없다. 그리고 앎이 있더라도 그 길을 편안하게 여기지 못하면 도중에서 그만두게 되므로 어짊을 말했다. 공자가 "어질지 않은 자는 간소함에 오래 머물지 못하고 즐거움에 길이 머물지 못하지. 어진 자는 어짊을 편안하게 여기고, 아는 자는 어짊을 이롭게 여긴다네"(不仁者, 不可以久處約, 不可以長處樂. 仁者, 安仁; 知者, 利仁. ─『논어』「리인(里仁)」)라고 말한 것도 그 때문이다. 어질면서도 용기가 있어야 길을 끝까지 가서 성취할 수 있으므로 용기를 말했다.

앎과 어짊과 용기, 이 세 가지에 대해서『논어』에서는 "아는 자는 헷갈리지 않고, 어진 자는 걱정하지 않으며, 군센 자는 두려워하지 않는다"(知者不惑, 仁者不憂, 勇者不懼. ─『논어』「자한」)고 말한 바 있는데, 숨겨진 뜻은 다르지 않다. 이렇게『중용』에서도『논어』에서도 앎을 먼저 들며 말했는데, 물론 군자의 길을 가는 자가 반드시 이 순서대로 덕을 갖추어야 한다는 것은 아니다. 이 셋을 아울러 지녀야만 한결같이 길을 갈 수 있다. 그러나 대부분의 범부들은 용기가 없어서 군자의 길, 이치의 길로 선뜻 나서지 못하고, 가다가도 털썩 주저앉는 경우가 흔하므로 어쩌면 먼저 용기를 갖추는 것이 필요하다고 말할 수 있다. 그러나 용기에 대해서도 오해의 소지가 많다. 맹자가 말했듯이 "칼을 어루만지며 노려보면서, '저 놈이 어찌 감히 나를 당해내리오?'"라고 하는 그런 필부의 용기로는 군자의 길을 가기 어렵다. 그러면 어떤 용기를 지녀야 하는가? 이에 대해 순자가 말한 바 있다.

상치의 용기가 있고, 중치의 용기가 있으며, 하치의 용기가 있다. 천하에 중용이 행해지면 과감하게 제 몸을 바르게 하고, 선왕의 도가 행해지면 과감하게 제 뜻을 실행하며, 위로는 세상을 어지럽히는 군주를 따르지 않고, 아래로는 세상을 어지럽히는 백성과 어울리지 않으며, 어짊이 있는 곳에서는 빈궁도 마다하지 않고, 어짊이 없는 곳에서는 부귀 따위를 바라지 않으며, 천하 사람들이 알아주면 천하 사람들과 함께 괴로워하거나 즐거워하려 하고, 천하 사람들이 알아주지 않으면 천지 사이에 홀로 떳떳하게 서서 두려워하지 않는 것, 이것이 상치의 용기다. 예의를 갖추어 의젓하면서 뜻은 야무지고, 참됨과 미쁨을 중히 여기면서 재물을 가벼이 여기며, 현명한 이는 감히 추천하면서 받들고 어리석은 자는 과감히 끌어내려서 내쫓으니, 이것이 중치의 용기다. 제 몸은 가벼이 하면서 재화를 중히 여기고, 재난을 아무렇지도 않게 여기면서 온갖 핑계를 늘어놓으며 구차하게 벗어나려 하고, 옳고 그름이나 그러함과 그렇지 않음의 실정을 따지지 않고 남을 이기는 것만 마음에 두는 것, 이것이 하치의 용기다.
－『순자』「성악(性惡)」

(有上勇者, 有中勇者, 有下勇者. 天下有中, 敢直其身; 先王有道, 敢行其意; 上不循於亂世之君, 下不俗於亂世之民; 仁之所在無貧窮, 仁之所亡無富貴; 天下知之, 則欲與天下同苦樂之; 天下不知之, 則傀然獨立天地之間而不畏, 是上勇也. 禮恭而意儉, 大齊信焉而輕貨財; 賢者敢推而尙之, 不肖者敢援而廢之, 是中勇也. 輕身而重貨, 恬禍而廣解苟免; 不卹是非・然不然之情, 以期勝人爲意, 是下勇也.)

"길을 가고 덕을 행하게 하는 바탕은 하나다"는 매우 의미심장한 구절이다. 여기서 말하는 '하나'는 과연 무엇을 의미하는가? 이미 앎과 어짊, 용기 따위 덕목에 대해 말했으므로 그와 비슷한 것은 아님이 분명하다. 그렇다면 『중용』다운 어떤

145

함의가 있으리라 짐작할 수 있는데, 그렇게 본다면 뒤에 나올 '성(誠)'으로 보는 것이 적절하다. 성에 대한 자세한 논의는 뒤에서 하겠다.

19장

앎과
행함은
하나다

19.1

或生而知之, 或學而知之, 或困而知之, 及其知之, 一也. 或安而行之, 或利而行之, 或勉强而行之, 及其成功, 一也.

어떤 사람은 나면서부터 그것을 알고, 어떤 사람은 배워서 알고, 어떤 사람은 매우 힘들게 알지만, 그 앎에 이르러서는 하나다. 어떤 사람은 힘들이지 않고 그것을 행하고, 어떤 사람은 이롭게 여겨서 행하고, 어떤 사람은 억지로 애써서 행하지만, 성금을 세움에 이르러서는 하나다.

注釋   지지(知之)의 지(之)는 앞서 언급한 '천하지달도(天下之達道)'를 가리키고, 행지(行之)의 지(之)는 '천하지달덕(天下之達德)'을 가리킨다. 안(安)은 편안하다는 뜻으로, 여기서는 억지로 애쓰지 않는다는 말맛이 있다. 뒤의 '면강(勉强)'과 상대되는 말이다.

蛇足   여기서는 이치를 아는 것과 이치대로 행

하는 것에 대해 말하고 있다. 먼저 앎에 대해서는 세 가지 경우를 들고 있는데,『논어』에서는 조금 다르다.

> 나면서부터 아는 자는 으뜸이요, 배워서 아는 자는 버금이며, 시달려서야 배우는 자는 다시 그 버금이다. 시달리면서도 배우지 않으니 백성들은 이리하여 가장 아래가 된다. ─『논어』「계씨(季氏)」
> (生而知之者, 上也; 學而知之者, 次也; 困而學之, 又其次也. 困而不學, 民斯爲下矣.)

『논어』에서는 앎에 초점이 맞추어져 있지 않고 배움에 초점이 맞추어져 있다. 나면서부터 아는 자는 당연히 배움이 문제가 되지 않을 터이지만, 그렇지 못한 자는 어떻게 배우느냐에 따라서 달라진다. 배워서 아는 자는 그 다음이라 하였는데, 공자는 여기에 해당된다. 그 다음은 시달려서야 배우는 자로, 배움에 있어서는 가장 하치다. 그런데 고대와 중세에 배울 기회조차 없었던 이들이 있었으니, 백성들이다. 그들은 그 처지 때문에 시달리면서도 배울 수 없었다. 이렇게『논어』에서는 지배층과 피지배층을 배움의 여부로 가르고 있다. 그러나 『중용』에서는 궁극의 지혜를 얻는 과정에 대해서 말하고 있다.

공자의 제자 안연과 같은 경우는 '생이지지자'라 할 수 있고, 공자는 그 자신이 스스로 "나는 나면서부터 아는 자가 아니었다. 옛것을 좋아하여 재바르게 구하는 사람일 뿐"이라고 말하였으니 '학이지지자'라 할 수 있다. 안연이나 공자와 같은 이들은 어느 시대에나 적다. 대부분의 사람들은 힘들게 아는 '곤이지지자'다. 물론 궁극의 앎에 이르는 경우는 어느 경우에나 드물다. 그래서 "그 앎에 이르러서는 하나다"라고 하였던 것이다.

그런데 앎에 이르는 과정이 다르듯이 공부하는 단계마다 앎의 수준도 다르다. 순자는 앎의 수준을 넷으로 나누어서 다음과 같이 말하였다.

성인의 앎이 있고, 사군자의 앎이 있으며, 소인의 앎이 있고, 하인의 앎이 있다. 말을 많이 하면서도 우아하고 조리가 있으며, 하루 내내 논거를 펴면서 갖가지 다채롭게 이야기를 해도 잘 아울러서 하나로 꿰고 있으니, 이는 성인의 앎이다. 말

150

을 적게 하면서도 곧고 간결하며, 논리정연하면서 법도에 맞아 마치 먹줄을 친 듯하니, 이는 사군자의 앎이다. 그 말은 알랑거리고 그 행동은 어그러지며, 하는 일마다 후회를 하니, 이는 소인의 앎이다. 재빨리 대답하며 거침없이 말하지만 조리가 없고, 갖가지 재주가 있으며 두루 배웠으나 쓸모가 없고, 단호하고 빠르며 자세하게 익혔으나 절실하지 않고, 옳으냐 그르냐를 따지지 않고 굽으냐 곧으냐를 논하지 않으면서 남을 이길 마음만 먹으니, 이는 하인의 앎이다. ─『순자』「성악」

(有聖人之知者, 有士君子之知者, 有小人之知者, 有役夫之知者. 多言則文而類, 終日議其所以, 言之千擧萬變, 其統類一也, 是聖人之知也. 少言則徑而省, 論而法, 若佚之以繩, 是士君子之知也. 其言也詔, 其行也悖, 其擧事多悔, 是小人之知也. 齊給便敏而無類, 雜能旁魄而無用, 析速粹孰而不急, 不恤是非, 不論曲直, 以期勝人爲意, 是役夫之知也.)

순자는 네 부류의 사람이 보여주는 앎의 구체적인 양상에 대해 서술하고 있는데, 크게는 둘로 나눌 수 있다. 성인의 앎과 사군자의 앎은 군자의 길을 가면서 얻게 되는 앎이고, 소인의 앎과 하인의 앎은 소인의 길로 가면서 빠지게 되는 앎이다. 군자의 길에서 얻은 앎과 소인의 길에서 얻는 앎의 가장 큰 차이는 바로 '실천'에 있다. 소인도 처음에는 배우고 알면서 행하려 했겠으나, 사사로움이나 탐욕으로 말미암아 실천하는 일을 제쳐두어 조리가 없고 부실한 앎에 머물고 말았다고 할 수 있다.

위에서도 행하는 일에 대해 세 가지를 들며 말하고 있는데, 그 자질이나 앎의 수준에 따라서 다를 수는 있어도 결국에는 그 행함으로 이루는 성금은 다르지 않다고 하였다. 힘들이지 않고 행하는 자는 '생이지지자'요, 이롭게 여겨서 행하는 자는 '학이지지자'이며, 억지로 애써서 행하는 자는 '곤이지지자'다. 곤이지지자로서 애써 행한 자에는 자로(子路)를 꼽을 수 있다. 자로는 배운 것을 아직 제대로 익히지 못했으면 새로 배우는 것을 두려워했던 인물이다. 이렇게 행하는 일에도 소인은 끼어들 여지가 없다. 오로지 군자의 길로 가는 이만이 이 셋 가운데 하나에 해당된다.

그런데 여기서 앎과 행함을 따로 말하고 있지

만, 기실은 둘이 아니라 하나다. 행하면서 알려고 해야 헛됨이 없고 빈틈도 없으며, 아는 대로 행하여야 어그러지는 법이 없다. 『중용』에서 최종적으로 하나가 된다고 하는 앎이나 성금은 곧 성인의 앎이고 성인의 성금이다. 이는 곧 앎과 행함의 목표가 성인이어야 궁극의 앎에 이르고 성금을 세운다는 말이다.

들지 않음은 듣는 것만 못하고, 듣는 것은 보는 것만 못하며, 보는 것은 아는 것만 못하고, 아는 것은 행하는 것만 못하다. 배운 것은 오롯하게 행해야만 지극함에 이른다. 행하면 밝게 알고, 밝게 알면 성인이 된다. 성인이란 어짊과 올바름을 근본으로 삼고 옳음과 그름을 잘 가리며 말과 행동이 일치하여 털끝만치도 어긋나지 않으니, 다른 방도가 있는 것이 아니라 행하고 나서야 그치기 때문이다. 그러므로 듣기만 하고 보지 못하면 비록 두루 배웠다고 하더라도 반드시 어긋날 것이고, 보기만 하고 알지 못하면 비록 외운다고 하더라도 반드시 허망할 것이며, 알기만 하고 행하지 못하면 비록 도탑게 알더라도 반드시 괴로울 것

153

이다. 듣지도 않고 보지도 않으면 어쩌다 알맞게 하더라도 어짊이 아니니, 그래서는 백 번을 해봐야 백 번 실패한다. -『순자』「유효(儒效)」

(不聞不若聞之, 聞之不若見之, 見之不若知之, 知之不若行之. 學至於行之而止矣. 行之, 明也, 明之爲聖人. 聖人也者, 本仁義, 當是非, 齊言行, 不失豪釐, 無他道焉, 已乎行之矣. 故聞之而不見, 雖博必謬; 見之而不知, 雖識必妄; 知之而不行, 雖敦必困. 不聞不見, 則雖當, 非仁也, 其道百擧而百陷也.)

20장

다스림의 길

子曰: "好學, 近乎知; 力行, 近乎仁; 知恥, 近乎勇.
知斯三者, 則知所以修身; 知所以修身, 則知所以
治人; 知所以治人, 則知所以治天下國家矣."

공자께서 말씀하셨다.

"배우기를 좋아하면 앎에 가까워지고, 힘써
실천하면 어짊에 가까워지며, 부끄러움을 알
면 용기에 가까워진다. 이 세 가지를 알게 되
면 어떻게 몸을 닦아야 하는지를 알게 되고,
어떻게 몸을 닦아야 하는지를 알게 되면 어떻
게 남을 다스려야 하는지를 알게 되며, 어떻
게 남을 다스려야 하는지를 알게 되면 어떻게
천하와 나라와 집안을 다스리려야 하는지를
알게 된다."

蛇足　　앞서 언급한 앎과 어짊, 용기를 다시 한
번 더 거론하면서 이 세 가지가 정치의 요체요 바
탕임을 분명히 하고 있다.

'호학(好學)'은 공자가 "열 가구가 사는 작은 마
을에도 나만큼 참되고 미쁨을 주는 자가 반드시

있겠지만, 나만큼 배우기를 좋아하지는 않을 것이다"(十室之邑, 必有忠信如丘者焉, 不如丘之好學也. -『논어』「공야장」)라고 말할 만큼 자부했던 바다. 이 호학을 통해서 공자는 궁극의 앎에 다가갈 수 있었고, 마침내 일흔의 나이에 마음이 시키는 대로 해도 법도에서 어긋나는 일이 없었다. 여기서는 '호학'을 하면 "앎에 가까워진다"고 표현하고 있는데, '가까워진다'는 것은 단박에 지고한 데에 이르는 것은 아님을 은근히 드러낸 것일 뿐이다. 이어지는 '역행(力行)'이나 '지치(知恥)'에서도 마찬가지다.

그런데 부끄러움을 아는 것이 어떻게 용기와 연결되는가? 부끄러움을 안다는 것은 그저 제 허물이 무엇인지를 안다는 뜻이 아니다. 그 허물을 남이 알든 모르든 스스로 부끄럽게 여겨서 없애려는 것이 참된 부끄러움이다. 그렇게 허물을 없애려 할 때, 그때 필요한 것이 바로 용기다. 만약 허물을 고치려 하지 않는다면, 그것은 용기가 없는 것이다. 또 허물은 대부분 단번에 고치기 어려운데, 고치다가 스스로 물러서거나 그만두지 않는 것 또한 용기다. 공자가 "허물이 있는데도 고치지 않는 것, 이것을 허물이라 한다"(過而不改, 是謂過矣. -『논어』「위령공(衛靈公)」)고 했을 때의 나중 허물은 용기 없음에서 비롯된 큰 허물이다. 용기가 없으면, 같은 허물을 되풀이할 뿐만 아니라 더 큰 허물을 저지르게 되기 때문이다.

이 호학과 역행, 지치는 수행의 단계가 아니다. 끊임없이 자신을 되돌아보면서 피드백을 거듭해야 하는 과정일 뿐이다. 그 과정에서 몸을 닦는 일이 무엇이며, 어떻게 해야 하는지를 환히 알게 된다. 자신에게 있는 허물이 무엇인지를 아는 일, 그 허물을 일상에서 고치는 일, 같은 허물을 또 저지르면서 느끼는 부끄러움, 그런 것들이 남들을 이해하는 데 있어서는 특히 긴요한 구실을 한다. 사람의 본바탕은 서로 비슷하여 저지르는 잘못이나 허물도 크게 다르지 않기 때문이다. 그러나 남을 다스리는 일은 결코 쉽지 않다. 아니, 호학과 역행, 지치를 통해 몸을 닦은 군자라면, 남을 다스리려 하지 않는다. 자신을 잡도리하는 것조차 이토록 힘들다는 것을 깊이 경험하고 깨달은 이라면, 함부로 남을 내 마음대로 이끌거나 다스리려 하지 않는다. 군자의 길을 묵묵히 가는 것 자체가 천하가 다스려지도록 하는 일임을 잘 알기 때문이다. 그래서 맹자가 "저 군자는 그가 지나는 곳은 교화시키고, 그가 머무는 곳에서는 신묘한 일을 한다. 위로는 하늘, 아래로는 땅과 더불어 함께 흘러가니, 그가 세상에 보탬이 되는 것이 어찌 작다고 하겠는가?"(夫君子所過者化, 所存者神, 上下與天地同流, 豈曰小補之哉? - 『맹자』「진심상」)라고 말했던 것이다.

그렇다면, 위에서 말한 다스림의 길은 결국 '무위지치(無爲之治)'라고 말할 수도 있으리라.

공자가 동쪽으로 흐르는 물을 한참 바라보고 있었다. 자공이 공자에게 여쭈었다.

"군자가 큰 강물을 볼 때 반드시 한참 바라보게 되는 까닭은 무엇입니까?"

공자가 대답하였다.

"아, 저 물이 크면, 온갖 생물들에게 두루 흘러가면서도 억지로 하는 게 없으니, 이는 덕과 비슷하다. 흐를 때는 낮은 곳으로 가지만 물길이 곧든 구부러졌든 반드시 그 결을 따르니, 이는 올바름과 같다. 출렁출렁 넘칠 듯 다함이 없으니, 이는 도와 비슷하다. 만약 막힌 데를 터서 흐르게 하면 그예 커다란 소리를 울리면서 내달려 백 길이나 되는 골짜기도 두려워하지 않으니, 이는 용기와 비슷하다. 움푹한 곳으로 흘러들면 반드시 평평해지니, 이는 법과 비슷하다. 가득 채운 뒤에는 평미레를 필요로 하지 않으니, 이는 바름과 비슷하다. 부드러우면서도 잡도리하며 어디에나 스며드니, 이는 살핌과 비슷하다. 들락날락하면서 무엇이든 맑고 깨끗하게 하니, 이는 교화를 잘 하는 것과 비슷하다. 아무리 구불구불하고 이리저리 꺾여도 반드시 동쪽으로 향하니, 이는 뜻을 지님과 비슷하다. 이런 까닭에 군자가 큰 강물을 볼 때는 반드시 한참 바라보게 되는 것이다.”–『순자』「유좌(宥坐)」

(孔子觀於東流之水. 子貢問於孔子曰:“君子之所以見大水必觀焉者, 是何?”孔子曰:“夫水大, 徧與諸生而無爲也, 似德; 其流也埤下, 裾拘必循其理, 似義; 其洸洸乎不淈盡, 似道; 若有決行之, 其應佚若聲響, 其赴百仞之谷不懼, 似勇; 主量必平, 似法; 盈不求槪, 似

正; 淖約微達, 似察; 以出以入, 以就鮮絜, 似善化; 其
萬折也必東, 似志. 是故君子見大水必觀焉.")

「유좌」편도 순자가 직접 쓴 것은 아니라고 간
주되지만, 『중용』에서 말하고자 하는 다스림의
요체와 통한다. 공자가 바라보았던 강물은 황하
였음이 분명하다. 예부터 황하는 중원을 가로지
르면서 인간과 온갖 짐승들과 초목들 등 뭇 생명
들을 길렀다. 공자를 비롯한 유자들의 정치는 바
로 생명을 기르는 정치임을 여실하게 보여준다.
『중용』첫머리에서 "알맞음과 어울림이 이루어지
면, 하늘과 땅이 제자리를 지키고 온갖 것이 잘
자란다"고 한 것도 이런 뜻을 담고 있다. 그 알맞
음과 어울림을 이루는 일을 맡은 이가 바로 군자
아닌가! 그리고 그 알맞음과 어울림은 억지로 해
서 되는 것이 아니라 이치를 따를 때에야 구현되
는 것이 아닌가? 그러니 '무위지치'가 아니고 무
엇이겠는가!

그런데 여기서 말하는 호학과 역행, 지치 세 가
지와 수신, 치인, 치천하국가 세 가지는 『대학』
의 '격물치지, 성의정심(格物致知誠意正心)'과 '수

161

신제가치국평천하(修身齊家治國平天下)'를 떠오르게 한다. 아울러 생각해보면, 그 접점을 찾을 수 있으리라.

21장

다스림을 위한 아홉 가지 날줄

21.1

凡爲天下國家有九經, 曰: 修身也, 尊賢也, 親親也,
敬大臣也, 體群臣也, 子庶民也, 來百工也, 柔遠人
也, 懷諸候也. 修身則道立, 尊賢則不惑, 親親則諸
父昆弟不怨, 敬大臣則不眩, 體群臣則士之報禮重,
子庶民則百姓勸, 來百工則財用足, 柔遠人則四方
歸之, 懷諸候則天下畏之.

대저 천하와 나라와 집안을 다스리는 데에는
아홉 가지 날줄이 있으니, 말하자면 몸을 닦
는 것, 현명한 이를 높이는 것, 가까운 이를 가
까이하는 것, 대신을 지극한 마음으로 대하는
것, 뭇 신하들을 제 몸처럼 여기는 것, 뭇 백성
들을 자식처럼 아끼는 것, 모든 장인들을 오
게 하는 것, 먼 데 사람들을 어루만지는 것, 제
후들을 껴안는 것 등이다. 몸을 닦으면 길이
바로 서고, 현명한 이를 높이면 헷갈리지 않
고, 가까운 이를 가까이하면 어버이의 형제들
이나 제 형제들이 탓하지 않고, 대신을 지극
한 마음으로 대하면 속는 일이 없고, 뭇 신하
들을 제 몸처럼 여기면 선비들이 갑절로 보답

하고, 뭇 백성들을 자식처럼 아끼면 백성들이 기꺼이 힘쓰고, 모든 장인들을 오게 하면 재물과 씀씀이가 넉넉해지고, 먼 데 사람들을 어루만지면 사방에서 백성들이 찾아오고, 제후들을 껴안으면 천하가 두려워하며 공경한다.

注釋　위(爲)는 다스리다는 뜻이다. 경(經)은 변함없는 원리를 뜻한다. 체(體)는 한 몸으로 여기다는 뜻이다. 자(子)는 자식처럼 아끼다는 뜻이다. 원인(遠人)은 공간적으로 중앙에서 멀리 떨어져 있는 사람들을 가리키는데, 사방의 오랑캐들까지 포함한다고 볼 수 있다. 혹(惑)은 헷갈리다, 어정쩡하다는 뜻이다. 현(眩)은 홀리다, 어둡다는 뜻으로, 여기서는 내가 잘 몰라서 속는다는 말맛이 있다. 보례(報禮)는 임금의 은혜에 보답하는 것을 뜻한다. 귀(歸)는 가야 할 곳으로 가는 것이다.

蛇足　앞에서 호학(好學)과 역행(力行), 지치(知恥) 세 가지가 수신의 바탕이며 이를 확장하면 천하와 나라와 집안을 다스리는 데까지 이른다고 하였는데, 여기서는 수신에서 천하를 다스리는 일

에 이르기까지 구체적인 일들을 정치적 관점에서 말하고 있다.

"현명한 이를 높이는 것"은 천하에 도가 행해진 다는 것을 분명하게 보여주는 일이므로 가장 먼 저 해야 할 일이다. 현명한 이를 높일 줄 알아야 천하의 인재를 모을 수 있기 때문이다. 인재를 모 으면 그 능력과 덕성에 따라 벼슬을 주어야 한 다. 그러나 벼슬을 주었다고 해서 군림해서는 안 된다. "대신을 지극한 마음으로 대한다"고 한 '경 (敬)'은 본래 하늘에 제사를 지낼 때 지녔던 경건 한 마음, 지극히 삼가는 마음이었다. 이를 자신이 발탁하거나 기용한 대신을 향해 지녀야 하는 것 은 그것이 바로 현명하고 능력이 있는 신하를 대 하는 예의이기 때문이다. 노나라 정공(定公)이 신 하를 부리는 일에 대해 묻자, 공자가 "임금은 예의 로써 신하를 부리고, 신하는 참된 마음으로 임금 을 섬깁니다"(君使臣以禮, 臣事君以忠. -『논어』「팔일 (八佾)」)라고 말했던 것도 그 때문이다. 대신을 지 극한 마음으로 대할 때, 그 대신도 참된 마음으로 군주를 섬긴다. 대신보다 아래에 있는 신하들을 대할 때 "제 몸처럼 여겨야 한다"고 말한 것도 같은 의미를 갖는다.

> 임금이 신하를 손과 발처럼 여기면 신하도 임금을 배와 심장처럼 여기고, 임금이 신하를 개나 말처럼 여기면 신하도 임금을 남처럼 여기고, 임금이 신하를 흙이나 풀처럼 여기면 신하도 임금을 도둑이나 원수처럼 여긴다. - 『맹자』「이루하」
> (君之視臣如手足, 則臣視君如腹心; 君之視臣如犬馬, 則臣視君如國人; 君之視臣如土芥, 則臣視君如寇讐.)

맹자가 제나라 선왕(宣王)을 만났을 때 해준 말이다. 임금과 신하는 혈연 관계가 아니라 일종의 계약으로 맺어진 관계나 다름이 없다. 비록 임금이 고용하고 신하는 피고용자의 입장에 있기는 하지만, 벼슬과 녹봉만이 문제가 되지 않는다. 벼슬이나 녹봉만을 문제 삼는 자는 소인이다. 군자는 예의를 다하는가 그렇지 못한가를 더 중요하게 여긴다. 따라서 임금이 먼저 신하에게 예의를 다해야 한다. 그래야만 신하들이 속이는 일이 없을 뿐만 아니라, 자신의 책무를 갑절로 다하게 되는 것이다.

이렇게 가까이 있는 신하를 예의에 맞게 대하여 그 마음을 얻는다면, 천하 사람들을 다스리는 일도 그만큼 쉬워진다. 임금을 참된 마음으로 섬기고 자신이 맡은 일을 다하는 신하를 '동량지신(棟樑之臣)'이라 한다. 그들이 천하를 다스리는 중책을 맡으니, 어찌 다스려지지 않는 일이 있겠는가.

"윗물이 맑아야 아랫물이 맑다"고 한 것처럼 임금의 지극한 신뢰를 얻은 신하는 자신의 아랫사람과 백성들에게 역시 지극한 마음으로 대한다. 그리하여 백성들이 기꺼이 힘쓰게 되고, 천하의 장인들이 모여들어서 제 실력을 한껏 뽐내어 산업을 일으키며, 그러한 소문을 들은 먼 곳의 백성들도 그 정치의 은택을 입기 위해서 한달음에 달려오는 것은 당연하다.

齊明盛服, 非禮不動, 所以修身也. 去讒遠色, 賤貨
而貴德, 所以勸賢也. 尊其位, 重其祿, 同其好惡,
所以勸親親也. 官盛任使, 所以勸大臣也. 忠信重
祿, 所以勸士也. 時使薄斂, 所以勸百姓也. 日省月
試, 旣稟稱事, 所以勸百工也. 送往迎來, 嘉善而矜
不能, 所以柔遠人也. 繼絶世, 擧廢國, 治亂持危,
朝聘以時, 厚往而薄來, 所以懷諸侯也. 凡爲天下
國家有九經, 所以行之者一也.

몸과 마음을 깨끗하게 하고 옷을 잘 차려입
고서 예의가 아니면 움직이지 않는 것이 몸을
닦는 길이다. 헐뜯는 말을 물리치고 여색을
멀리하며 재화는 하찮게 여기고 덕을 귀하게
여기는 것이 어진 이를 힘쓰게 하는 길이다.
그 지위를 높여주고 그 녹봉을 두텁게 해주며
좋아함과 싫어함을 함께하는 것이 가까운 이
를 가까이하게 하는 길이다. 아랫자리를 많이
두어 일을 맡기고 부리도록 하는 것이 대신을
힘쓰게 하는 길이다. 참된 마음으로 믿으며
녹봉을 두터이 주는 것이 선비들을 힘쓰게 하

는 길이다. 때에 맞게 부리고 구실을 적게 거
두는 것이 백성들을 힘쓰게 하는 길이다. 날마
다 살피고 달마다 시험하여 이룬 일에 걸맞게
봉급을 지급하는 일이 모든 장인을 힘쓰게 하
는 길이다. 가는 사람 잘 보내고 오는 사람 잘
맞아들이며 잘한 일은 기리고 잘하지 못한 일
은 가엾게 여기는 것이 먼 데 사람들을 어루
만지는 길이다. 끊어진 세대를 이어주고 쇠퇴
한 나라를 일으켜주며 혼란한 나라를 바로잡
아주고 간간한 나라를 붙들어주면서 때에 맞
게 조정에 찾아오도록 하여 두텁게 주어 보내
고 가볍게 오도록 하는 것이 제후들을 껴안는
길이다. 대저 천하와 나라와 집안을 다스리는
데에는 아홉 가지 날줄이 있으나, 그것을 행
하는 바탕은 하나다.

注釋　제(齊)는 재(齋)와 같으며, 제의를 앞두고
몸과 마음을 깨끗하게 하는 일이다. 참(讒)은 헐뜯
다, 하리놀다는 뜻이다. 관성(官盛)은 관직을 넉넉
하게 두는 일이다. 임사(任使)는 아랫사람들에게
일을 맡겨서 처리하게 하는 것이다. 렴(斂)은 구실

을 거두다는 뜻이다. 일성월시(日省月試)는 날마다 그 하는 일의 과정을 살피고 달마다 그 일의 진척 상황을 조사하는 일이다. 기(旣)는 희(餼)와 같으며, 녹봉으로 주는 쌀이다. 름(稟)은 름(廩)으로 쓴 경우도 있는데, 같은 뜻이다. 역시 녹봉으로 주는 쌀을 뜻한다. 칭사(稱事)는 일을 저울질하듯이 따지고 헤아려서 그 공과를 분명하게 하는 일이다. 가(嘉)는 기리다, 기뻐하다는 뜻이다. 긍(矜)은 가엾게 여기다는 뜻이다. 조빙(朝聘)은 제후가 천자의 조정에 나아가 뵙는 일이다.

蛇足　21.1에서 거론한 것을 더욱 구체적으로 서술하고 있다.

"몸과 마음을 깨끗하게 하고 옷을 잘 차려입는 일"은 본래 고대의 제의와 관련이 있다. 제의를 행하기 전에 제사장은 목욕재계하고 엄숙하게 옷을 갖추어 입었는데, 이로써 지극한 마음으로 신 앞에 섰음을 드러낸 것이다. 고대에는 제사장이 곧 정치적 수장이었다는 점을 생각하면, 천자가 이러한 행위를 하는 것은 당연하다. 또 이때의 마음을 '경(敬)'이라 하는데, 공자로부터 이 마음은 제

171

의에서만이 아니라 일상에서도 지녀야 할 덕으로 강조되었다. 일상에서 경을 통해 몸과 마음을 잡도리하는 일은 누구나 해야 하지만, 천자는 천하 사람들의 본보기가 되므로 앞서서 그렇게 해야 함을 말한 것이다.

"예의가 아니면 움직이지 않는다"는 대목 또한 예의의 문제가 제의에서 일상으로 확장되었음을 암시하는데, 이에 대해서는 『논어』 「안연(顏淵)」에 자세하게 나온다.

> 안연이 어짊에 대해 여쭈니, 스승께서 말씀하셨다.
>
> "나를 이기고 예의를 되살리는 것이 어짊이다. 하루라도 나를 이기고 예의를 되살린다면, 천하 사람들도 어짊으로 돌아간다. 어짊이란 나에게서 말미암지, 남에게서 말미암겠느냐?"
>
> "자세한 것을 여쭙겠습니다."
>
> "예의가 아니면 보지 말고, 예의가 아니면 듣지 말고, 예의가 아니면 말하지 말고, 예의가 아니면 움직이지 말라."
>
> "제가 비록 재바르지는 못하지만, 그 말씀을 늘

일삼겠습니다."

(顏淵問仁, 子曰: "克己復禮爲仁. 一日克己復禮, 天下
歸仁焉. 爲仁由己, 而由人乎哉?" 顏淵曰: "請問其目."
子曰: "非禮勿視, 非禮勿聽, 非禮勿言, 非禮勿動." 顏
淵曰: "回雖不敏, 請事斯語矣.")

'극기복례(克己復禮)'에서 중요한 것은 단순히 예
를 회복하는 것, 예의를 되살리는 것에 있지 않다.
나를 이기는 '극기'에 있다. 극기는 복례를 위한
조건으로, 이는 내적인 덕성을 갖추는 일이다. 이
점에서 공자가 주나라 예법에 대해 무조건적 회
복을 주장하지 않았음을 엿볼 수 있다. 그럼에도
이 극기가 간과되고 형식적인 예제(禮制)의 문제
로 흘러간 것이 공자 사후의 실정이었다. 장자와
묵자가 유가에 대해 그 번쇄한 형식과 가식을 주
로 비판한 것도 그 때문이고, 맹자가 인의(仁義)를
강조하면서 예법이나 예제에 대해서는 거의 말하
지 않았던 까닭도 거기에 있다고 할 것이다.

누가 정벌을 할 자격이 있는가

춘추시대에 이미 제후를 껴안는 일은 아득한 옛 이야기가 되었다. 춘추시대는 주유왕(周幽王)이 견융(犬戎)의 침입으로 살해되고 도읍을 호경(鎬京)에서 동쪽 낙읍(雒邑) 곧 낙양으로 천도하면서 시작되었다. 그때가 기원전 770년이다. 주유왕이 살해된 데에는 여색을 멀리하지 못한 이유가 컸다. 유왕은 재위 3년째 되던 해, 우연히 포사(褒姒)를 보고는 총애하게 되었다. 포사가 아들 백복(伯服)을 낳자, 유왕은 왕후 신씨(申氏)와 태자를 폐하고 포사와 백복을 왕후와 태자로 삼았다. 그 다음에 벌어진 일을 『사기』〈주본기〉에서는 다음과 같이 적고 있다.

포사가 좀처럼 웃지 않자 그녀를 웃게 하려고 온갖 방법을 다 써보았지만 웃지 않았다. 유왕은 봉수대(烽燧臺)와 큰북을 설치하여 적이 쳐들어와 봉화를 올리는 것처럼 하였다. 제후들이 모두 달려왔는데, 적이 보이지 않았다. 포사가 그제서야 크게 웃었다. 유왕은 기뻐하며 여러 차례 봉화를 올렸다. 그 뒤로는 제후들이 믿지 않고 오지 않았다.

유왕이 괵석보(虢石父)를 경(卿)으로 삼아 국사를 맡기자 백성들이 모두 원망하였다. 석보는 간사하고 아부를 잘하며 이끗을 밝혔는데, 유왕이 그런 자를 기용했기 때문이다. 또 왕후 신씨를 폐하고 태자를 내치자 신후(申侯)가 화가 나서 증(繒)나라, 서이(西夷), 견융 등과 함께 유왕을 공격하였다. 유왕은 봉화를 올려 군대를 불렀으나, 오지 않았다. 유왕을 여산(驪山) 아래에서 죽이고 포사를 포로로 잡았으며, 주나라의 재물을 모조리 약탈하였다. 이에 제후들은 신후에게로 가서 유왕의 태자였던 의구(宜臼)를 옹립하니, 그가 바로 평왕(平王)으로 주나라의 제사를 받들었다.

여기에는 『중용』에서 언급한 것과 관련된 일들이 집약되어 있다. 유왕이 포사에 빠진 것은 "여색을 멀리하라"는 경고를 무시한 것이다. 여색에 빠져서 함부로 봉화를 올려 제후들을 헛되이 오가게 했으니, 이로써 제후들의 공경과 신뢰를 아주 잃었다. 게다가 간사한 괵석보를 기용한 일은 현명한 이를 높일 줄 모른다는 것을 입증하였고, 그로 말미암아 백성들의 원성이 높아졌다. 이러하니, 어찌 나라가 쇠망하지 않을 수 있겠는가.

"끊어진 세대를 이어주고 쇠퇴한 나라를 일으켜주는 일"과 "혼란한 나라를 바로잡아주고 간간한 나라를 붙들어주는 일"은 천자가 할 일임에도 오히려 제후들이 태자를 다시 옹립하여 주나라의 제사를 받들게 했으니, 이로써 주 왕실의 권위는 아주 땅에 떨어졌다. 평왕은 즉위하자마자 견융의 침입을 피해서 낙읍으로 도읍을 옮겼지만, 이미 이때부터 주 왕실은 쇠퇴하였고 제후들 가운데서 강자가 약자를 병합하며 패자(覇者)로 군림하는 일이 일어났다. 이른바 '춘추오패(春秋五覇)'가 그것이다.

흥미로운 것은 천자가 오랑캐인 견융의 침입으로 동천(東遷)한 일을 계기로 오랑캐로부터 중원을 지키려는 '존왕양이(尊王攘夷)'의 이념이 강화되었다는 점이다. 춘추오패는 바로 천자를 대신해서 천하를 호령하며 존왕양이를 외쳤던 이들이다. 대체로 오패에 대해서는 이견이 있기는 하지만, 『순자』에서는 제환공(齊桓公), 진문공(晉文公),

초장왕(楚莊王), 오왕 합려(闔廬), 월왕 구천(句踐) 등을 패자로 들었다. 이들은 부국강병책을 써서 강력한 군사력으로 패업을 이룩했다는 공통점이 있는데, 그러면서도 다른 나라를 병합하는 데까지는 이르지 않았다. 이것이 춘추시대의 한 특성이었다. 이에 대해 『순자』「왕제(王制)」에서는 다음과 같이 적고 있다.

저 패자는 그렇지 않다. 밭과 들을 개간하고, 곳간을 가득 채우며, 쓸 기구들을 편리하게 만들고, 잘 살피고 삼가서 재주 있고 능력 있는 선비를 뽑은 뒤에 차츰차츰 상을 주면서 이끌고 형벌을 엄정하게 써서 바로잡는다. 망해가는 나라를 존속시키고 끊어진 세대를 이어주며 약한 나라를 지켜주고 포악한 자를 억누르며 병합하려는 마음을 갖지 않으면, 제후들이 그를 가까이할 것이다. 대등하게 사귀는 도를 닦아서 제후들을 지극한 마음으로 대한다면, 제후들이 기뻐할 것이다. 그를 가까이하는 까닭은 그가 병합하지 않기 때문이니, 병합하려는 낌새가 보이면 제후들은 그예 멀어진다. 그를 기쁘게 대하는 까닭은 대등하게 사귀기 때문이니, 신하로 대할 낌새가 보이면 제후들은 떠나버릴 것이다. 그러므로 병합하지 않는다는 행동을 분명하게 하고 대등하게 사귀는 도를 믿게 한다면, 천하에 왕노릇할 패자가 없을 때는 반드시 그가 승리할 것이다. 그가 바로 패도를 아는 자다.

(彼覇者不然. 辟田野, 實倉廩, 便備用, 案謹募選閱材伎之士, 然後漸慶賞以先之, 嚴刑罰以糾之; 存亡繼絶, 衛弱禁暴, 而無兼并之心, 則諸侯親之矣. 修友敵之道以敬接諸侯, 則諸侯說之矣. 所以親之者, 以不幷也; 幷之見, 則諸侯疏矣. 所以說之者, 以友敵也; 臣之見, 則諸侯離矣. 故明其不幷之行, 信其友敵之道, 天下無王覇主則常勝矣. 是知覇道者也.)

주평왕의 동천에서 춘추시대가 시작되었다면, 전국시대는 진(晉)나라가 한씨(韓氏)·위씨(魏氏)·조씨(趙氏) 세 대부 집안에 의해 쪼개지면서 시작되었다. 이렇게 대부가 제후를 집어삼키는 하극상으로부터 시작된 전국시대였으므로 패도를 알고 패업을 이룰 자조차 드물어질 수밖에 없었다. 실제로 140~170여 개 나라가 전국시대에는 고작 20여 개로 줄었다. 이는 더 이상 왕업은 커녕 패업조차 기약할 수 없는 상황에 이르렀음을 의미한다.

가령 제(齊)나라가 연(燕)나라를 친 일을 보자. 연왕 쾌(噲)는 즉위 3년(기원전 318)에 초나라 및 한·위·조 세 나라와 함께 진(秦)나라를 공격했다가 실패하자, 재상으로 있던 자지(子之)가 더욱 위세를 과시하면서 국사를 좌지우지하게 되었다. 그러자 여러 책사들의 꼬임에 넘어가 300석 이상의 관원을 임용할 권리를 자지에게 넘겨주어 국사가 모두 자지에 의해 결정되기에 이르렀고, 얼마 뒤에는 보위까지 넘겨주었다. 이에 태자 평(平)이 장군 시피(市被)와 모의해서 자지를 공격하려 했으나, 백성들이 오히려 태자 평을 공격하여 평과 시피가 죽고 말았다. 이렇게 일어난 내란이 여러 달 계속되자, 제나라가 그 틈을 타서 연나라를 치고 연왕 쾌와 자지를 죽였다.

제나라가 쳐들어온 지 2년이 지나서 연나라 백성들이 연소왕(燕昭王)을 옹립하였는데, 연소왕은 보위에 오른 뒤 제나라에 보복하기 위해서 몸을 낮추고 예물을 두텁게 하여 천하의 현자들을 두루 모으려 하였다. 이윽고 연소왕 28년(기원전 284)에 연나라는 부유해졌다.

> 병사들은 생활이 안정되자 전쟁을 두려워하지 않게 되었다. 이에 연소왕은 마침내 악의를 상장군으로 삼고 진·초 및 삼진(三晉, 한·위·조) 등과 더불어 제나라 공벌을 모의했다. 결국 제나라 군사가 대패하자 제민왕(齊閔王)은 도읍인 임치(臨淄) 밖으로 달아났다. 이때 연나라 군사들은 패주하는 제나라 군사를 추격하면서 동시에 제나라 도성에 들어가 제나라 국보를 모두 취하고 궁전과 종묘를 불태웠다. 당시 제나라 성읍 가운데 함락되지 않은 곳은 겨우 거(莒)와 즉묵(卽墨)뿐이었다. - 『전국책』 「연책(燕策)」

이제는 "끊어진 세대를 이어주고 쇠퇴한 나라를 일으켜주는 일"이 아주 사라졌음을 알 수 있다. 오로지 약육강식의 살벌한 법칙만이 남았을 뿐이다. 그 결과, 상앙(商鞅)의 변법을 전면적으로 실시하면서 상벌제도를 바로 세우고 토지를 개간하며 군현제를 도입하고 군사력을 강화하는 등 강력한 중앙집권체제를 구축한 진(秦)나라가 천하를 통일할 수 있었다. 혼란한 시대는 결국 군사력으로 종식시킬 수밖에 없었던 것이다.

이런 점을 감안하면, 『중용』에서 말한 천하를 다스리는 날줄 아홉 가지는 태평한 시절을 유지하고 지속하는 데에는 유익할 수 있어도 혼란한 시절에는 그다지 효과가 없는 방안이라고 말할 수 있다. 더 의의를 부여하자면, 혼란이 일어나지 않도록 예방할 수 있는 방책이라고도 할 수 있다.

어지러움을 다스릴 수 있는가

"혼란한 나라를 바로잡아주고"라는 대목이 나오는데, 이는 '치란(治亂)'을 풀이한 것이다. '치란'에 대한 매우 흥미로운 글이 『순자』 「불구」편에 나온다.

군자는 다스림을 다스리고 어지러움을 다스리지 않는다고 한다. 이건 무슨 말인가? "예의를 다스림이라 하고, 예의가 아닌 것을 어지러움이라 한다. 그러므로 군자는 예의를 다스리지 예의가 아닌 것을 다스리는 게 아니다." 그렇다면 나라가 어지러우면 다스릴 수 없다는 말인가? "나라가 어지러워져서 다스린다고 하는 것은 그 어지러움에 기대어 다스린다는 게 아니라, 어지러움을 제거하여서 다스려지게 한다는 것이다. 사람의 행실이 더러워서 닦는다는 것은 더러움에 기대어 닦는다는 게 아니라, 더러움을 없애고 닦음으로 바꾼다는 것이다. 그러므로 어지러움을 제거하는 것이지 어지러움을 다스리는 것이 아니며, 더러움을 없애는 것이지 더러움을 닦는 것이 아니다." 다스림이라는 말의 뜻은 군자는 다스림을 다루지 어지러움을 다루지 않으며 닦는 일을 다루지 더러움을 다루지 않는다는 것과 같다.

(君子治治, 非治亂也. 曷謂邪? 曰: 禮義之謂治, 非禮義之謂亂也. 故君子者, 治禮義者也, 非治非禮義者也. 然則國亂將弗治與? 曰: 國亂而治之者, 非案亂而治之之謂也, 去亂而被之以治. 人汙而修之者, 非案汙而修之之謂也, 去汙而易之以修. 故去亂而非治亂也, 去汙而非修汙也. 治之爲名, 猶曰君子爲治而不爲亂, 爲修而不爲汙也.)

혼란한 나라를 정벌하여 그 혼란을 조장한 왕이나 대신들을 죽이는 것은 어지러움을 없애는 일이지 어지러움을 다스리는 것이 아니다. 말로는 "어지러움을 다스린다"고 하지만, 기실은 어지러움 또는 어지러움의 근원을 제거하는 것에 지나지 않는다. 어지러움 자체를 다스림의 상태로 전환시키는 것이 아니라는 말이다. 어지러움이 다스림으로 바뀌는 일은 없다. 가령, 몸에 종기가 생기면, 그것을 낫게 한다거나 고친다고 말은 하지만 실제로는 종기를 제거한다. 종기를 멀쩡한 살로 바꾼다는 뜻이 아니다. 그렇듯이 어지러움에 대해서는 제거할 수 있을 뿐이고, 결코 어지러움 자체를 다스림으로 바꿀 수는 없다.

이 글은 다스림과 어지러움의 본질에 대한 통찰을 보여주기도 하지만, 널리 쓰는 말이나 익숙한 표현이 얼마나 왜곡될 수 있는지에 대해서도 일깨워주기도 한다. 깊이 음미해볼 만하다.

또 제후들을 "두텁게 주어 보내고 가볍게 오도록 하는 것"은 이른바 '조공과 책봉'을 가리킨다. 조공과 책봉은 주나라 봉건제의 핵심이기도 하다. 제후가 예물을 갖추어 조정에 와서 천자를 알현하는 것을 조공이라 하고, 천자가 제후에게 일정한 영지를 내리고 관작(官爵)을 주는 것을 책봉이라 한다. 전국시대에 위혜왕(魏惠王)이 왕을 참칭하면서 그러한 책봉체제는 일시 와해되었는데, 진시황이 천하를 통일하고 한나라가 제국을 이어받은 뒤에는 책봉체제가 동아시아 질서를 유지하는 한 축이 되었다. 말하자면, 중국이 천자의 나라로서 주변국들을 책봉하고, 주변국들은 중국에 조공을 하는 질서 체제로 재정립된 것이다.

책봉체제에서는 책봉하는 쪽이 권위를 누리고 유지하기 위해서 조공을 바치는 쪽에 훨씬 많은 경제적 이득을 주는 것이 일반적이었다. 두텁게 주어 보내고 가볍게 오도록 한다는 것이 이를 두고 한 말이다. 오늘날에 이 책봉체제에서 조공을 바친 일을 두고 사대주의라고 말하는 것은 책봉체제의 본질을 이해하지 못한 탓이다.

마지막으로 아홉 가지 날줄에 대해 "그것을 행하는 바탕은 하나다"라고 하였는데, 그 하나는 앞서도 나온 바 있듯이 '성스러움(誠)'이다.